ジャンヌ・ダルク
はじまるよ！

ジャンヌ・ダルク

文／高橋うらら
絵／うくろ
監修／加藤 玄

Gakken

人《じん》物《ぶつ》ガイド

あきらめない心《こころ》でフランスを救《すく》った少《しょう》女《じょ》

ジャンヌ・ダルク

ジャンヌ・ダルク

（1412ごろ〜1431）

フランスのドンレミ村《むら》に生《う》まれ、フランスとイギリスとの戦争《せんそう》で活《かつ》やくする。

今《いま》から約《やく》六百年《ぴゃくねん》ほど前《まえ》に生《う》まれたジャンヌ・ダルクは、国《くに》を守《まも》るために立《た》ちあがります。

ジャンヌ・ダルクにゆかりのあるところ

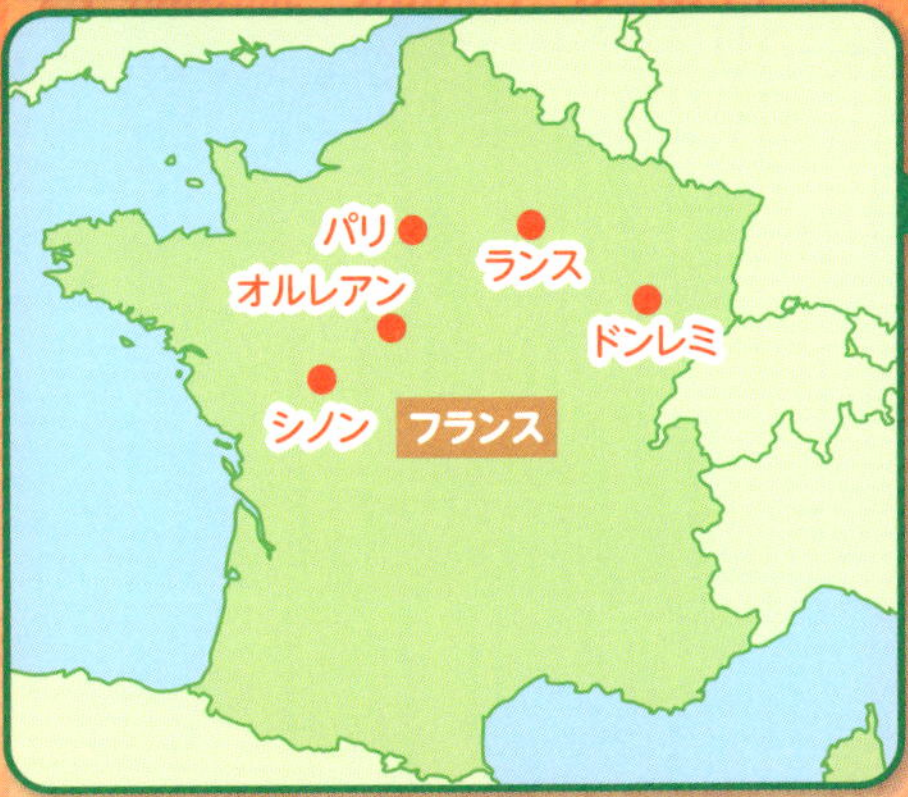

・地図《ちず》は、現在《げんざい》のものです。
・地名《ちめい》は、このお話《はなし》に出《で》てくる名前《なまえ》を入《い》れています。

ジャンヌ・ダルクは、フランスのドンレミ村《むら》に生《う》まれ、13歳《さい》のころ神様《かみさま》の声《こえ》を聞《き》きます。17歳《さい》には、シャルル王太子《おうたいし》とシノン城《じょう》で面会《めんかい》をします。その後《ご》、イギリスに包囲《ほうい》されていた大《おお》きな町《まち》、オルレアンを解放《かいほう》し、ランスの大聖堂《だいせいどう》で戴冠式《たいかんしき》を行《おこな》い、シャルル王太子《おうたいし》がフランス王《おう》であることを広《ひろ》く知《し》らしめました。

ジャンヌ・ダルクってどんな人《ひと》？

あきらめない！

力《ちから》の強《つよ》い大人《おとな》の男性《だんせい》たちの中《なか》でも、くじけずに、みんなをふるいたたせかかんに戦《たたか》いました。

まじめで心《こころ》やさしい

とても信心深《しんじんぶか》く、進《すす》んで家《いえ》のてつだいをし、まずしい人《ひと》には手《て》をさしのべました。

自分《じぶん》のすべきことになやむジャンヌ・ダルク

十三歳《さい》で「フランスを救《すく》いなさい」という神様《かみさま》の声《こえ》を聞《き》いたジャンヌ・ダルク。自分《じぶん》にできるのだろうかとなやむジャンヌでしたが、フランスやふるさとの村《むら》を守《まも》るために決心《けっしん》します。

村《むら》でおだやかにすごすジャンヌ。

「フランスを救《すく》うのです！」神様《かみさま》の声《こえ》が聞《き》こえてきて……

軍《ぐん》の隊長《たいちょう》に会《あ》いに行《い》くも、追《お》いかえされてしまう。

もどってほどなく、ドンレミ村《むら》がおそわれ……。

ついに、戦《たたか》いに向《む》かう決心《けっしん》をします。

このあと、ジャンヌ・ダルクの人生《じんせい》はどうなる？

平和《へいわ》のため、フランスを守《まも》りぬく！

あきらめない強《つよ》い心《こころ》で、みずから戦《たたか》いの場《ば》に立《た》ったジャンヌ。仲間《なかま》の兵士《へいし》を勇気《ゆうき》づけます。そして、長《なが》い戦《たたか》いにつかれていたオルレアンの町《まち》の人《ひと》びとを救《すく》いだしました。

シャルル王太子《おうたいし》に会《あ》う！

「気高《けだか》い王太子様《おうたいしさま》。わたしは神様《かみさま》の命令《めいれい》でやってきた者《もの》です。」

大《おお》きな旗《はた》を持《も》って、オルレアンへ！

ともに戦《たたか》ううち、
たよれる仲間《なかま》ができ……

ついに、オルレアンを解放《かいほう》！
町《まち》の人《ひと》びとはよろこび、
ジャンヌをたたえます。

このあとも、
ジャンヌの戦《たたか》いはつづきます。
お話《はなし》を読《よ》んで、
もっとよく知《し》ろう！

とりまく人《ひと》びと

ジャンヌにかかわる人《ひと》たち

お母《かあ》さん（イザベル）

生活《せいかつ》にひつようなことや、おいのりの仕方《しかた》を、ジャンヌに教《おし》える。

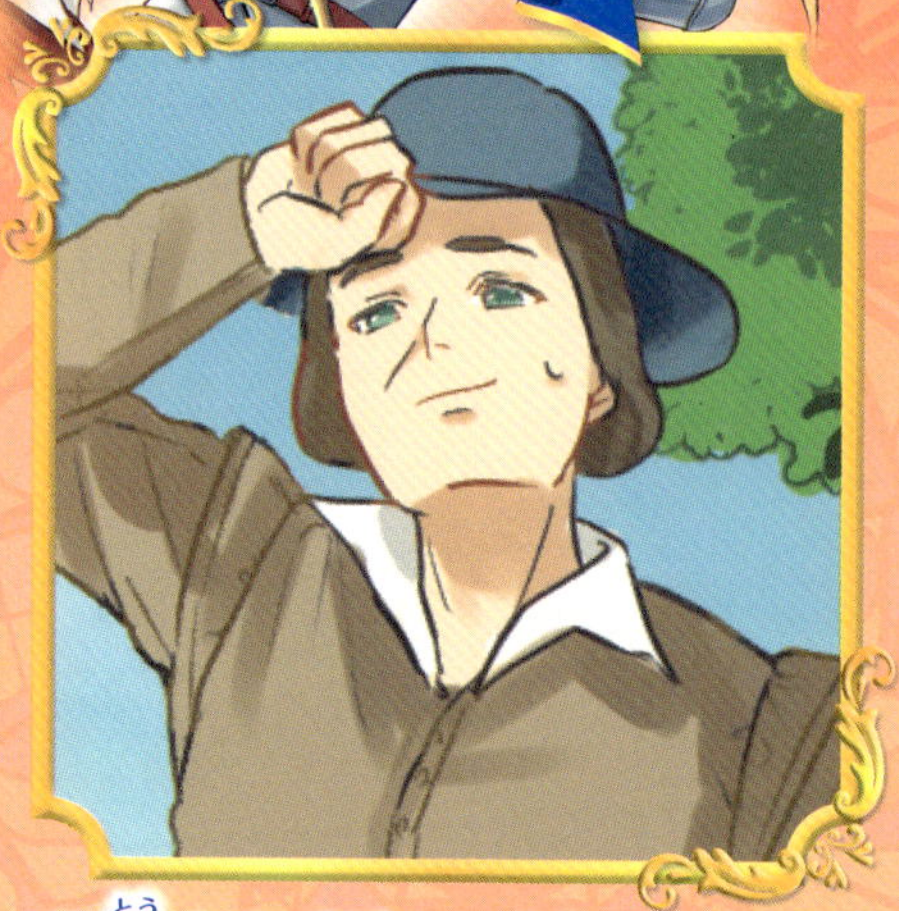

お父《とう》さん（ジャック）

ジャンヌのことをいつも気《き》にかけ、心配《しんぱい》している。

コーション

ジャンヌをさばく裁判長《さいばんちょう》。ジャンヌをうらんでいる。

シャルル王太子《おうたいし》

フランス国王《こくおう》の息子《むすこ》だが、正式《せいしき》な国《こく》王《おう》としてみとめられていない。

ジャンヌ・ダルクを

ジャンヌとともに戦《たたか》う人《ひと》たち

ジャン・ド・デュノワ

オルレアンの司令官《しれいかん》。戦《たたか》いの中《なか》で、ジャンヌを信用《しんよう》するようになる。

ボードリクール

ボークルールの町《まち》を守《まも》る軍《ぐん》の隊長《たいちょう》。やがてジャンヌに協力《きょうりょく》する。

アランソン公《こう》

フランス軍《ぐん》の司令官《しれいかん》。ジャンヌの戦《せん》友《ゆう》であり、ジャンヌを信用《しんよう》している。

ラ・イール

ジャンヌの戦友《せんゆう》。おこりっぽい。ジャンヌと意見《いけん》がよく合《あ》う。

ジャンヌの戦《たたか》いや生《い》き方《かた》がわかるお話《はなし》の始《はじ》まりです！

やさしく読める
ビジュアル
伝記

ジャンヌ・ダルク

もくじ

※この本《ほん》は、2025年《ねん》4月現在《がつげんざい》での情報《じょうほう》にもとづいて構成《こうせい》していますが、内容《ないよう》によっては異《こと》なる説《せつ》もあります。また、人物《じんぶつ》の言葉《ことば》や一部《いちぶ》のエピソードについては、設定《せってい》や史実《しじつ》をもとに想定《そうてい》したものになります。挿絵《さしえ》は史実《しじつ》にもとづきながらも、小学生《しょうがくせい》が楽《たの》しめるよう、親《した》しみやすく表現《ひょうげん》しています。

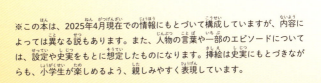

1

教会《きょうかい》に通《かよ》う女《おんな》の子《こ》

ジャンヌ・ダルクは、今《いま》から六百年《ぴゃくねん》ほど前《まえ》に活《かつ》やくしたフランスの少女《しょうじょ》です。

*「百年戦争《ひゃくねんせんそう》」という、フランスとイギリスとの間《あいだ》で長《なが》くつづいた戦《せん》争《そう》で、兵士《へいし》たちをひきいて、ほろびかけていたフランスを勝利《しょうり》にみちびきました。

旗《はた》を持《も》って兵士《へいし》たちの先頭《せんとう》に立《た》つジャンヌのすがたは、多《おお》くの絵《え》にえがかれ、その活《かつ》やくぶりは、映画《えいが》や演劇《えんげき》にもなっています。

フランス各地《かくち》には銅像《どうぞう》が作《つく》られ、国《くに》を救《すく》った少女《しょうじょ》として、今《いま》でも

*百年戦争《ひゃくねんせんそう》…1339〜1453年《ねん》までの、およそ百年《ねん》にわたり、イギリスとフランスが、おさめている土地《とち》や王位《おうい》をめぐる問題《もんだい》であらそっていた戦争《せんそう》のこと。

有名《ゆうめい》です。
いったい、どんな少女《しょうじょ》で、どのように国《くに》を救《すく》ったのでしょう。
ジャンヌは、農家《のうか》のむすめで、いなかで生《う》まれ育《そだ》ちました。
なぜ、その後戦争《ごせんそう》に出《で》て、語《かた》りつがれるほどの英雄《えいゆう》になったのでしょうか。

ジャンヌは、一四一二年《ねん》ごろ、フランスの北東部《ほくとうぶ》にあるドンレミという小《ちい》さな村《むら》で生《う》まれました。

近《ちか》くには川《かわ》が流《なが》れ、あたりには畑《はたけ》が広《ひろ》がっています。教会《きょうかい》からは、かねの音《ね》がひびいてきます。

このころのヨーロッパでは、*1キリスト教《きょう》をしんじることが、とても大切《たいせつ》だとされていました。

そのため、ドンレミ村《むら》の人《ひと》たちも、熱心《ねっしん》なキリスト教《きょう》*2信者《しんじゃ》でした。

＊1キリスト教《きょう》…イエスを救《すく》い主《ぬし》（キリスト）としてしんじ、かれの教《おし》えを弟子《でし》たちが広《ひと》めた宗教《しゅうきょう》。＊2信者《しんじゃ》…ある決《き》まった宗教《しゅうきょう》をしんじる人《ひと》。

ジャンヌのお父《とう》さんはジャック、お母《かあ》さんはイザベルという名前《なまえ》でした。ほかにお兄《にい》さんが三人《にん》、女性《じょせい》のきょうだいが一人《ひとり》いたといわれています。

子《こ》どものころのジャンヌは、村《むら》のほかの女《おんな》の子《こ》たちとかわらない、どこにでもいる女《おんな》の子《こ》でした。

「お母《かあ》さん、友《とも》だちと外《そと》に遊《あそ》びに行《い》ってきます！」

「いってらっしゃい。今日《きょう》は何《なに》をするつもり？」

「原《はら》っぱでお花《はな》をつんで、かんむりを作《つく》るの。」

ジャンヌは、学校《がっこう》には行《い》っていません。この時代《じだい》のフランスの農家《のうか》のむすめは、みんなそうでした。

そのため、字《じ》を書《か》いたり読《よ》んだりすることは、できませんでした。家《いえ》でてつだいをしながら、生活《せいかつ》にひつようなことは、親《おや》やまわりの人《ひと》たちに教《おし》えてもらったのです。

お母《かあ》さんは、子《こ》どもたちに、おいのりの仕方《しかた》を、しっかり教《おし》えました。

「さあ、この言葉《ことば》を、くりかえしてごらんなさい。」

ジャンヌは、長《なが》いおいのりもできるようになり、キリスト教《きょう》をしんじるようになりました。

自分《じぶん》が悪《わる》いことをしたと思《おも》うと、そのたびに教会《きょうかい》に行《い》って、神様《かみさま》の前《まえ》でおわびをします。

「わたしは今日《きょう》、友《とも》だちとけんかをしました。ごめんなさい。」
ジャンヌは、おいのりをするたびに、自分《じぶん》の行《おこな》いを見《み》つめなおし、
これからは正《ただ》しいことをしよう、と心《こころ》を入《い》れかえるのでした。

あるとき、教会《きょうかい》のかねを鳴《な》らす係《かかり》の人《ひと》が、うっかり鳴《な》らしわすれたことがありました。すると、ジャンヌは、

（おいのりの時間《じかん》のかねをわすれるのは、よくないことだわ。）

と思《おも》い、その係《かかり》の人《ひと》に、「わすれずにかねを鳴《な》らしてもらえますか」

とおねがいしました。

自分《じぶん》が正《ただ》しいと思《おも》うことは、たとえ相手《あいて》が大人《おとな》であっても、はっきりいう、とても意志《いし》の強《つよ》い子《こ》どもだったのです。

また、まずしい人《ひと》が村《むら》をたずねてきたときには、お父《とう》さんからもらった服《ふく》や道具《どうぐ》などを、「どうぞ使《つか》ってください」と、やさしく分《わ》けあたえました。

キリスト教《きょう》では、こまっている人《ひと》がいたら、助《たす》けるようにと教《おし》え

ていたためです。

ジャンヌは土曜日《どようび》になると、村《むら》の教会《きょうかい》だけではなく、はなれた所《ところ》にある*1礼拝堂《れいはいどう》まで出《で》かけ、ろうそくをささげていのりました。

「ジャンヌは、教会《きょうかい》にばかり行《い》っているね。」

何度《なんど》も行《い》くので、熱心《ねっしん》にキリスト教《きょう》をしんじている女《おんな》の子《こ》として、村《むら》でも有名《ゆうめい》になるほどでした。


家《いえ》のてつだいも、進《すす》んでしました。ジャンヌは*2糸《いと》をつむいだり、さいほうをしたりするのが、とくいです。そのころは、まず草《くさ》などから糸《いと》を作《つく》り、それをおってぬのにしていました。

さらに水《みず》くみをしたり、畑《はたけ》をたがやしたり、家《いえ》でかっている羊《ひつじ》や

＊1礼拝堂《れいはいどう》…キリスト教《きょう》で、人《ひと》びとが集《あつ》まっておがむための建物《たてもの》。チャペル。とくに、教会《きょうかい》・学校《がっこう》・病院《びょういん》などにもうけられているもの。　＊2糸《いと》をつむぐ…羊毛《ようもう》や、亜麻《あま》という植物《しょくぶつ》から引《ひ》きだしたせんいを、ねじってからみあわせ、一本《ぽん》の糸《いと》にする。

牛《うし》などの世話《せわ》をします。

「なんでも自分《じぶん》から進《すす》んでやる子《こ》だね。」

ジャンヌのまじめさは、村《むら》でもひょうばんでした。

そんなジャンヌの楽《たの》しみは、村《むら》にある「妖精《ようせい》の木《き》」とよばれる大《おお》きな木《き》の所《ところ》に、友《とも》だちと行《い》っては、歌《うた》ったり、おどったりして遊《あそ》ぶことでした。泉《いずみ》のそばで休《やす》み、おべんとうを食《た》べます。

「外《そと》で食《た》べるごはんは、とてもおいしいね。」

友《とも》だちとも、話《はなし》がはずみました。

このころ、ジャンヌが住《す》むフランスと、海《うみ》をこえたイギリスとの間《あいだ》で、のちに「百年戦争《ひゃくねんせんそう》」とよばれる戦争《せんそう》がつづいていました。フランス国内《こくない》も、二つの勢力《せいりょく》に分《わ》かれ、そのかたほうは、イギリスの味方《みかた》についてしまいます。

そして、イギリスと、イギリスに味方《みかた》する人《ひと》たちは、「今《いま》のフランス国王《こくおう》が死《し》んだら、その息子《むすこ》のシャルルではなく、イギリス国王《こくおう》がフランスの王《おう》をつぐものとする。」と決《き》めてしまいました。

つまり、イギリスの王様《おうさま》が、フランスの王様《おうさま》もかねるというのです。

シャルル王太子《おうたいし》

そのため、フランス国王《こくおう》の息子《むすこ》シャルル王太子《おうたいし》*は、王様《おうさま》にはなれないとされてしまいました。
しかし、このピンチを救《すく》い、シャルル王太子《おうたいし》を助《たす》けた少女《しょうじょ》こそ、のちのジャンヌ・ダルクだったのです。

*王太子《おうたいし》…国王《こくおう》の位《くらい》を、第《だい》一に受《う》けつぐ者《もの》と定《さだ》められている王子《おうじ》。

2 神様《かみさま》のおつげ

ジャンヌの生活《せいかつ》が、かわりはじめたのは、十三歳《さい》になったころのことでした。

ある夏《なつ》の日《ひ》のお昼《ひる》ごろ、家《いえ》の庭《にわ》にいたジャンヌは、ふしぎな光《ひかり》を見《み》ました。すると、声《こえ》が聞《き》こえてきたのです。

『毎日《まいにち》正《ただ》しいことをしなさい。』

（え？　いったいだれの声《こえ》？）

けれども、近《ちか》くには、だれもいません。

（おかしいな。もしかすると、気《き》のせいだったのかな。）

ところが、その声《こえ》は、それから何度《なんど》も聞《き》こえてくるようになりました。

『ジャンヌ、わたしはおまえに語《かた》りかけているのだよ。』

（いったいだれ？　どこでしゃべっているの？）

こわくなって、まわりを、ぐるりと見《み》わたしてみます。

その声《こえ》は、教会《きょうかい》のほうからひびいてくるようです。

そして、こんなこともいうのです。

『きちんと教会《きょうかい》に通《かよ》いなさい。』

ジャンヌは、はっとして、その場《ば》にひざまずきました。

（話《はな》しかけてくださっているのは、きっと、*天使様《てんしさま》ですね。神様《かみさま》のお言葉《ことば》をつたえてくださっているのですね。）

*天使《てんし》…キリスト教《きょう》で、この世界《せかい》につかわされた神《かみ》の使《つか》い。

その声《こえ》にこたえなくてはと、両手《りょうて》を組《く》んで、いのります。

（はい、正《ただ》しいことをします。しっかり教会《きょうかい》に通《かよ》います。）


ある日《ひ》、その声《こえ》は、こう、いいました。

『シャルル王太子《おうたいし》の所《ところ》へ出発《しゅっぱつ》しなさい。おまえがイギリス軍《ぐん》を追《お》いはらい、かれをフランスの国王《こくおう》にするのです。』

（え？　このわたしが？　軍隊《ぐんたい》を追《お》いはらう？）

ジャンヌは、おどろきました。

それまでおだやかに毎日《まいにち》をすごしてきたので、自分《じぶん》が戦争《せんそう》に参加《さんか》するなんて、そうぞうもできなかったのです。

けれども、その声《こえ》は、週《しゅう》に二、三回《かい》ずつ、

『おまえが、フランスを救《すく》うのです。』

と、くりかえしました。

(神様《かみさま》、いったい、どうやって行《い》ったらいいのですか。わたしは、王《おう》太子様《たいしさま》がいらっしゃる町《まち》が、どこにあるのかも、わかりません。)

『まずは、ボークルールの町《まち》を守《まも》るフランス軍《ぐん》の隊長《たいちょう》に会《あ》いに行《い》くといい。きっと力《ちから》をかしてくれるだろう。』

ボークルールは、ドンレミ村《むら》と同《おな》じようにフランスがわについている近《ちか》くの町《まち》でした。

(そんなにむずかしいことが、わたしにできるの?)

ジャンヌは、なやみましたが、教会《きょうかい》に通《かよ》って自分《じぶん》を見《み》つめなおすと、しだいに「やってみよう」という気持《きも》ちが、わいてきました。

（神様《かみさま》がおっしゃっているのなら、きっとそれが、わたしのやるべきことなんだ。勇気《ゆうき》を出《だ》して、一歩《ぽ》ふみだしてみよう。）

そんなふうに考《かんが》えるようになったのです。

お父《とう》さんとお母《かあ》さんは、いつもとちがうジャンヌを見《み》て、心配《しんぱい》しました。このころ、ジャンヌのお父《とう》さんは、むすめが兵士《へいし》たちとどこかに出《で》かけていくゆめを、何度《なんど》も見《み》たといいます。お父《とう》さんは、大切《たいせつ》なむすめが村《むら》を出《で》てしまうことが、不安《ふあん》だったのでしょう。

そこで、ジャンヌは十六歳《さい》のとき、親《しん》せきのおじさんに、こっそり相談《そうだん》しました。

「ボークルールの軍隊《ぐんたい》の隊長《たいちょう》に会《あ》いたいんです。てつだってくれませんか？」

話《はなし》を聞《き》いたおじさんは、うなずきました。

「神様《かみさま》がおっしゃるのなら、そのとおりにしなくてはならないね。」

そして、ジャンヌのお父《とう》さんやお母《かあ》さんに、

「わたしのつまが、もうすぐ子《こ》どもをうむので、てつだいに来《き》てもらいたいのです。」

と、うそをついて、ジャンヌをボークルールの町《まち》につれていってくれました。

ボークルールの町《まち》のまわりには、がんじょうな城壁《じょうへき》が、ぐるりときずかれていました。

町《まち》を守《まも》っている軍隊《ぐんたい》の隊長《たいちょう》が、ボードリクールという男《おとこ》でした。

ジャンヌとおじさんは、町《まち》の門《もん》をくぐり、あちこちにきいてまわりました。

「ボードリクール隊長《たいちょう》は、どこですか。どこへ行《い》けば会《あ》えますか。」

「さあ、城《しろ》の門番《もんばん》にきいてみたらどうだい？」

「ありがとうございます。行《い》ってみます。」

そして、とうとうボードリクールに会《あ》うことができました。

ジャンヌは、きんちょうして、心臓《しんぞう》がどきどきしています。

ところが、ボードリクールはジャンヌの話《はなし》を信用《しんよう》せず、取《と》りあってくれませんでした。

「神様《かみさま》のおつげを聞《き》いただって？　シャルル王太子様《おうたいしさま》に、会《あ》わせろだって？」

ジャンヌは、神様《かみさま》の言葉《ことば》を、きっぱりとつたえます。

「はい。わたしが、シャルル王太子様《おうたいしさま》を王《おう》にするのです。フランスを勝利《しょうり》にみちびくのです。」

「わっはっは！」

ボードリクールは、大《おお》わらいして、ジャンヌのとなりにいるおじさんに向《む》かって、いいました。

「まったく、とんでもないことをいうむすめだな。こんな子《こ》は、早《はや》く親《おや》の元《もと》につれてかえってくれ。」

　こうして、二人《ふたり》は、あっというまに追《お》いかえされてしまいました。

「ああ、しんじてもらえなかった……。」

「しかたがない。ここは、引《ひ》きかえすしかないよ。」

　ざんねんでなりませんでしたが、ジャンヌたちは、ドンレミ村《むら》へと帰《かえ》りました。

　ジャンヌが、ドンレミ村《むら》にもどってほどなく、村《むら》ではおそろしいことが起《お》きました。

3 おそわれた村《むら》

当時《とうじ》の兵士《へいし》の多《おお》くは、お金《かね》でやとわれている、*がらの悪《わる》い男《おとこ》たちでした。その兵士《へいし》たちがドンレミ村《むら》をおそい、手当《てあ》たりしだいにお金《かね》や家《か》ちくをぬすんだのです。

「ここにいたらあぶない！」

村《むら》の人《ひと》たちは、荷車《にぐるま》に大事《だいじ》な財産《ざいさん》をのせ、家《か》ちくをつれて、村《むら》をはな

*がらの悪《わる》い…性質《せいしつ》や態度《たいど》が悪《わる》いさま。

れました。ジャンヌは、家族《かぞく》といっしょににげながら、くちびるをかみました。

(もし戦争《せんそう》が終《お》われば、みんな平和《へいわ》にすごせるのに！　わたしにできることはなんだろう？　なんとかしたい。)

しばらくすると、兵士《へいし》たちは村《むら》から去《さ》っていきましたが、その後《ご》もたびたび村《むら》をおそうのでした。

　フランスでのイギリス軍《ぐん》のいきおいは、強《つよ》くなっていきました。ドンレミ村《むら》より西《にし》にある、*1オルレアンという大《おお》きな町《まち》も、イギリス軍《ぐん》に取《と》りかこまれてしまいました。ジャンヌのまわりの大人《おとな》たちも、この知《し》らせに、あせり、おののいています。

「フランスは、このままイギリスに負《ま》けてしまうんだろうか。」

オルレアンは、*2ロワール川《がわ》という大《おお》きな川《かわ》に面《めん》していて、多《おお》くの人《ひと》が行《い》きかう大都市《だいとし》でした。

かつてフランス王国《おうこく》の中心地《ちゅうしんち》であったパリは、すでにイギリスがわに*3支配《しはい》されていたので、この町《まち》は、ぜったいに守《まも》りぬきたい重要《じゅうよう》な場所《ばしょ》だったのです。

もしここでの戦《たたか》いに負《ま》けたら、フランスという国《くに》は、ほろびてしまうかもしれません。

そんなときジャンヌに、また神様《かみさま》の声《こえ》が聞《き》こえてきました。

『オルレアンの町《まち》をイギリス軍《ぐん》から救《すく》いなさい。シャルル王太子《おうたいし》に会《あ》い、おまえが軍隊《ぐんたい》をひきいていけば、きっと勝利《しょうり》するだろう。』

*1オルレアン…フランス中部《ちゅうぶ》の都市《とし》。*2ロワール川《がわ》…フランス中央部《ちゅうおうぶ》を流《なが》れる川《かわ》で、フランス最長《さいちょう》の大河《たいが》。*3支配《しはい》…ある地域《ちいき》や国家《こっか》などを、思《おも》うとおりに動《うご》かしておさめたり、指図《さしず》したりすること。

ジャンヌはなやみましたが、やがて決心《けっしん》しました。

(前《まえ》は追《お》いかえされてしまったけれど、もう一度《いちど》、あきらめずにボードリクールさんに会《あ》いに行《い》こう。)

こうして、ふたたびおじさんにつきそってもらい、ボークルールの隊長《たいちょう》ボードリクールに会《あ》いに行《い》ったのです。

「おねがいです！　わたしを、シャルル王太子様《おうたいしさま》の所《ところ》に、つれていってください。フランスを救《すく》いたいのです。」

しかし、ボードリクールは、

「あのむすめが、またやってきたんだって？　こりない子《こ》だな。」

といって、会《あ》ってもくれませんでした。

それでもジャンヌは、あきらめずにうったえつづけます。すると、ジャンヌのうわさが、町《まち》に広《ひろ》がっていきました。

「神様《かみさま》の声《こえ》を聞《き》いた少女《しょうじょ》が、町《まち》に来《き》ているらしいよ。」

みんな口《くち》ぐちにそういいだしました。

そんなある日《ひ》、ボードリクールに仕《つか》えるド・メッスという騎士《*きし》が、ジャンヌがとまっていた家《いえ》をたずねてきて、ジャンヌにききました。

「あなたは、いったいどうして、ここにやってきたんだ。」

ジャンヌは、落《お》ちついて答《こた》えました。

＊騎士《きし》…中世《ちゅうせい》ヨーロッパの戦士階級《せんしかいきゅう》の名前《なまえ》。ナイト。

「わたしの村《むら》を、国《くに》の平和《へいわ》を守《まも》りたいからです。みんなの平和《へいわ》のために、わたしにできることをしたい。そして、フランスを救《すく》えるのは、わたししかいないからです。神様《かみさま》が、そうおっしゃっていて、わたしはそれをしんじています。なのに隊長《たいちょう》は、会《あ》ってもくださいません。」

ド・メッスは、ジャンヌのひたむきな言葉《ことば》に心《こころ》を動《うご》かされ、こういいました。

「よし、わかった。ではわたしが、あなたを王太子様《おうたいしさま》の所《ところ》につれていけるよう、はたらきかけてみよう。」

「ほんとうですか。ありがとうございます。」

すると、ド・メッスは、たずねました。

「しかし、王太子様《おうたいしさま》は＊シノンにあるシノン城《じょう》にいる。ここから遠《とお》いが、その服《ふく》で旅《たび》に出《で》るつもりか？」

そのとき、赤《あか》い女性《じょせい》の服《ふく》を着《き》ていたジャンヌは首《くび》をふりました。

「神様《かみさま》のお言葉《ことば》どおり、兵士《へいし》と同《おな》じ男性《だんせい》の服《ふく》を着《き》たいです。」

「では、わたしの家臣《かしん》の服《ふく》とくつを、あなたにあげよう。」

ド・メッスをはじめ、町《まち》の人《ひと》たちの声《こえ》が、高《たか》まりました。

「ジャンヌを、王太子様《おうたいしさま》の元《もと》に向《む》かわせるべきだ。フランスの危機《きき》なんだ。神様《かみさま》の言葉《ことば》を聞《き》いたというこの少女《しょうじょ》をしんじてみよう。」

すると、ボードリクールもとうとう、こういってくれたのです。

「わかった。シノンに行《い》くことをみとめてやろう。旅《たび》のとちゅう、おまえを守《まも》る兵士《へいし》もつけてやる。王太子様《おうたいしさま》に手紙《てがみ》も書《か》こう。」

＊シノン…フランス中西部《ちゅうせいぶ》にあるロワール川支流《がわしりゅう》ぞいの町《まち》。

「ありがとうございます！」

このころジャンヌは、ドンレミ村《むら》の両親《りょうしん》に「フランスや、ふるさとの村《むら》を守《まも》るため、ぜったいにやりとげてみせます」と決意《けつい》を書《か》いた手紙《てがみ》を出《だ》しました。

ただ、自分《じぶん》は字《じ》を書《か》けないので、ほかの人《ひと》に代《か》わりに書《か》いてもらいました。お父《とう》さんもお母《かあ》さんも、ほんとうにジャンヌが、王太子《おうたいし》に会《あ》いに行《い》くとは、思《おも》ってもいなかったにちがいありません。

4 シノン城《じょう》へ

ジャンヌは、ボードリクールにいいました。

「出発《しゅっぱつ》するなら、一日《にち》でも早《はや》いほうがいいです。」

そして、動《うご》きやすいよう、長《なが》いかみをばっさり切《き》り、当時《とうじ》の男性用《だんせいよう》の服《ふく》を身《み》につけます。

（さあ、これから、しっかりがんばろう！　わたしには、神様《かみさま》がついていてくださるんだもの。）

一四二九年《ねん》二月《がつ》、十七歳《さい》のジャンヌは、ド・メッスたちと、いよいよボークルールを出発《しゅっぱつ》しました。

馬《うま》に乗《の》って町《まち》を出《で》ようとすると、たくさんの人《ひと》が、見送《みおく》りに来《き》てくれました。

「がんばれジャンヌ、フランスを守《まも》ってくれ！」

ボードリクールは、身《み》を守《まも》るための剣《けん》も持《も》たせてくれました。そして、ジャンヌを守《まも》る兵士《へいし》たちにいいました。

「しっかり王太子様《おうたいしさま》の元《もと》に案内《あんない》せよ。」

「はいっ。」

ボードリクールは、わかれぎわ、ジャンヌにこうさけびました。

「行《い》ってこい！　たとえ、どんなことが起《お》こっても！」

目指《めざ》すは、王太子《おうたいし》のいるシノン城《じょう》です。ボークルールからシノンは遠《とお》くはなれており、ほとんど国《くに》じゅうを横断《おうだん》するひつようがありました。さらに、ボークルールの西側《にしがわ》の地域《ちいき》は、イギリスに味方《みかた》する人《ひと》たちによって支配《しはい》されていました。シノン城《じょう》にたどりつくには、その危険《きけん》な土地《とち》をこえていかなければなりません。

ジャンヌたちは、敵《てき》に見《み》つからないよう、夜中《よなか》にこっそり馬《うま》を進《すす》めていきました。

暗《くら》い森《もり》の中《なか》では、みんながきんちょうします。敵《てき》がいつ急《きゅう》にとびだしてくるか、わからないからです。

そんな中《なか》でも、ジャンヌたちは教会《きょうかい》に立《た》ちよって、おいのりをしました。

(神様《かみさま》、今日《きょう》も一日《にち》お守《まも》りいただき、ありがとうございました。)

そうして十一日《にち》かけて、ようやくフランスがわの土地《とち》に着《つ》きました。

安全《あんぜん》な土地《とち》に入《はい》ったので、昼間《ひるま》もどうどうと馬《うま》に乗《の》っていくことができます。ジャンヌは、先頭《せんとう》に立《た》ちました。

「わたしは、シャルル王太子様《おうたいしさま》を王座《おうざ》につけるため、フランスを救《すく》うためにやってきました!」

神様《かみさま》の命令《めいれい》を受《う》けた少女《しょうじょ》がやってきたといううわさは、さらに広《ひろ》まっていきました。

そのころ、二十六歳《さい》のシャルル王太子《おうたいし》は、家臣《かしん》たちに守《まも》られながら、シノン城《じょう》でひっそりとくらしていました。

フランス国王《こくおう》であった父親《ちちおや》のシャルル六世《せい》は、すでになくなっています。

まだ、イギリスがわからは、正式《せいしき》なフランスの王《おう》としてみとめてもらえず、七歳《さい》のイギリス国王《こくおう》ヘンリ六世《せい》が、イギリスとフランス両方《りょうほう》の王《おう》だということになっていました。

しかも、フランスはイギリスに負《ま》けかけています。

（こうなったら、外国《がいこく》ににげるしかないのか。）

と、おびえ、不安《ふあん》な日《ひ》びをすごしていたのでした。

じつは、シャルル王太子《おうたいし》の母親《ははおや》も、「王太子《おうたいし》は、シャルル六世《せい》のほんとうの息子《むすこ》ではない」といい、イギリスの味方《みかた》になっていました。

(もう、だれもしんじることはできない。)

そのため、王太子《おうたいし》は、何《なに》に対《たい》してもうたぐり深《ぶか》くなっていました。

そこに、ジャンヌという少女《しょうじょ》が、やってくるといいます。

王太子《おうたいし》は、考《かんが》えました。

(いったい、どんな少女《しょうじょ》なんだ。まずは、くわしく調《しら》べさせよう。)

ジャンヌたちが、シノンの町《まち》に入《はい》り、宿屋《やどや》にとまっていると、王《おう》太子《たいし》の使者《ししゃ》がやってきて、たずねました。

「おまえは、いったい何《なに》をしにやってきたんだ。何《なに》がほしいんだ。」

ジャンヌは、はっきりと答《こた》えました。

「わたしは、神様《かみさま》から二つの役目《やくめ》をおおせつかりました。一つは、オルレアンの町《まち》を救《すく》うこと。もう一つは、ランス[*1]で[*2]戴冠式《たいかんしき》を行《おこな》い、王太子様《おうたいしさま》をフランスの国王《こくおう》にすることです。」

フランスの王《おう》になるには、代《だい》だい、ランスという町《まち》の大聖堂《だいせいどう》で戴《たい》冠式《かんしき》をしなければなりませんでした。

このころは、キリスト教《きょう》の力《ちから》が強《つよ》かったため、教会《きょうかい》にみとめてもらえないと、正式《せいしき》な王様《おうさま》にはなれなかったのです。

イギリス国王《こくおう》のヘンリ六世《せい》は、フランスの王《おう》をかねていることに

＊1ランス…フランス北部《ほくぶ》の都市《とし》。＊2戴冠式《たいかんしき》…新《あたら》しい国王《こくおう》がはじめて王冠《おうかん》をかぶり、王《おう》の位《くらい》についたことをたくさんの人《ひと》に知《し》らせる儀式《ぎしき》。

なっているとはいえ、まだおさなく、ランスでの戴冠式《たいかんしき》はしていません。もし、シャルル王太子《おうたいし》が先《さき》に戴冠式《たいかんしき》をすれば、フランス国王《こくおう》として、みとめられるかもしれないのです。

「ランスで戴冠式《たいかんしき》だって？」

ジャンヌの言葉《ことば》を聞《き》いた使者《ししゃ》は、おどろきました。ランスの町《まち》も、そこに行《い》くとちゅうの町《まち》も、今《いま》はみなイギリスの味方《みかた》をしていたからです。

ジャンヌは、答《こた》えました。

「はい。神様《かみさま》がそうおっしゃっているのです。わたしを王太子様《おうたいしさま》に会《あ》わせてくだされば、きっとそのとおりにいたします。」

このほうこくを聞《き》いた王太子《おうたいし》や家臣《かしん》の意見《いけん》は、分《わ》かれました。

「そんなことをいうなんて、おかしな少女《しょうじょ》だ。すぐに追《お》いかえせ。」

「いや、まずは王太子様《おうたいしさま》が会《あ》って、話《はなし》をするべきだ。」

王太子《おうたいし》も、考《かんが》えこみます。

（ジャンヌが、もしほんとうにりっぱな預言者《よげんしゃ》*1で、わたしやこの国《くに》を救《すく》ってくれたなら、どんなにいいだろう。）

当時《とうじ》、フランスやイギリスなどの国《くに》では、キリスト教《きょう》が広《ひろ》く信《しん》じられており、人《ひと》びとは神様《かみさま》の教《おし》えを大切《たいせつ》にしていました。国《くに》の政治《せいじ》*2でも、キリスト教《きょう》は大《おお》きな役割《やくわり》をもっていたのです。そして、その

＊1預言者《よげんしゃ》…キリスト教《きょう》で、神様《かみさま》の言葉《ことば》を聞《き》いた人《ひと》のこと。＊2政治《せいじ》…国《くに》をおさめること。

ころの人《ひと》びとは、戦争《せんそう》が長引《ながび》いたり、重《おも》い病気《びょうき》がはやったりして、苦《くる》しい生活《せいかつ》を送《おく》っていました。

そのため、神様《かみさま》の言葉《ことば》をつたえ、未来《みらい》のことを語《かた》る人《ひと》は、預言者《よげんしゃ》として重《おも》んじられていました。こまったときには、みんなで、その人《ひと》のいうことをしんじたのです。

王太子《おうたいし》は、やっと決心《けっしん》しました。

「よし！　それでは、ひとつ会《あ》ってみるか。」

5 王太子《おうたいし》との面会《めんかい》

王太子《おうたいし》がいるシノン城《じょう》は、おかの上《うえ》にたてられた古《ふる》くてりっぱなお城《しろ》です。

ジャンヌは、この城《しろ》によばれました。

（いよいよ、王太子様《おうたいしさま》にお目《め》にかかれる！）

しかし、大広間《おおひろま》に通《とお》されたジャンヌは、いっしゅん、とまどいました。そこには見知《みし》らぬ*貴族《きぞく》や騎士《きし》たちが、大《おお》ぜいいたからです。

けれども、ある人物《じんぶつ》の前《まえ》に、ジャンヌはまっすぐに進《すす》みでました。

*貴族《きぞく》…身分《みぶん》が高《たか》かったり、家《いえ》がらがよかったりなど、とくべつな権力《けんりょく》をあたえられている人《ひと》。

そして、身《み》をかがめ、上品《じょうひん》に
おじぎをして、こういいました。
「気高《けだか》い王太子様《おうたいしさま》。
わたしは神様《かみさま》の命令《めいれい》で、
やってきた者《もの》です。」

まわりの人《ひと》たちは、おどろきました。

「どうしてあの方《かた》が王太子様《おうたいしさま》だと、すぐにわかったのだろう。」

みんなが注目《ちゅうもく》する中《なか》、ジャンヌは、王太子《おうたいし》にいいました。

「神様《かみさま》になり代《か》わって申《もう》しあげますが、あなた様《さま》こそフランス国王《こくおう》をおつぎになる方《かた》です。」

王太子《おうたいし》は、ジャンヌの顔《かお》を、まじまじと見返《みかえ》しました。

（どうしてそんなにきっぱり、いいきることができるんだろう。）

その後《ご》、二人《ふたり》だけで話《はなし》をしたとき、王太子《おうたいし》はたずねました。

「おまえは、ほんとうに神《かみ》の言葉《ことば》を聞《き》いたのか？　わたしに力《ちから》をかしてくれるのか。」

ジャンヌは、力強《ちからづよ》く、うなずきました。

「はい。神様《かみさま》は、なんでも教《おし》えてくださいます。たとえば……。」

ジャンヌの話《はなし》を聞《き》いて、王太子《おうたいし》はおどろきました。

ほかの人《ひと》は、ぜったいに知《し》らないような王太子《おうたいし》についてのひみつを、ジャンヌが口《くち》にしたからです。

王太子《おうたいし》は、目《め》をかがやかせました。

「たしかにおまえは、ただのむすめではないようだ。ひょっとすると、わたしの運命《うんめい》を、かえてくれるのかもしれないな。」

やがてジャンヌは、*ポワティエという町《まち》につれていかれました。

ここで、ほんとうに神様《かみさま》の声《こえ》を聞《き》いたかどうか、キリスト教《きょう》の学《がく》者《しゃ》などのえらい人《ひと》たちから、取《と》り調《しら》べを受《う》けることになったのです。

ジャンヌは、こう質問《しつもん》されました。

「もし神《かみ》が、フランス王国《おうこく》を救《すく》おうと決《き》められたのなら、兵士《へいし》などひつようないのではないか。」

「とんでもありません。兵士《へいし》たちが戦《たたか》うからこそ、神様《かみさま》は勝利《しょうり》をあたえてくださるのです。」

ジャンヌの言葉《ことば》に、相手《あいて》はうなずきながらも、こういいました。

「おまえが神《かみ》の言葉《ことば》を聞《き》いたという、たしかなしょうこがほしい。」

ジャンヌは、首《くび》をふりました。

「今《いま》は、しょうこはお見《み》せできません。けれども、オルレアンへ行《い》くことをおゆるしいただければ、イギリス軍《ぐん》を追《お》いはらいます。わたしがいっていることが、ほんとうだとわかるはずです。」

*ポワティエ…フランス中西部《ちゅうせいぶ》にある都市《とし》。

その受《う》け答《こた》えは、しっかりとした教育《きょういく》を受《う》けた人《ひと》のようにきちんとしたものだったので、学者《がくしゃ》たちはおどろきました。

取《と》り調《しら》べは三週間《しゅうかん》もつづき、ようやく答《こた》えが出《だ》されました。

「ジャンヌは、清《きよ》く正《ただ》しい少女《しょうじょ》で、神《かみ》の教《おし》えにしたがっている。」

やっと、多《おお》くの人《ひと》びとに、みとめてもらうことができたのです。


こうしてジャンヌは、軍隊《ぐんたい》をひきいて、オルレアンに行《い》くことをゆるされました。戦場《せんじょう》へ行《い》くためのじゅんびが、始《はじ》まります。

体《からだ》にぴったり合《あ》ったよろいも、作《つく》ってもらいました。

そして、剣《けん》をえらぶとき、ジャンヌは、ある教会《きょうかい》にささげられている剣《けん》を使《つか》いたいといいました。

「その剣《けん》には、五つの十字《じゅうじ》がきざまれているはずです。」

使《つか》いの者《もの》が行《い》ってみると、教会《きょうかい》の祭壇《さいだん》の後《うし》ろに、ほんとうにその剣《けん》がうめられていました。さびていましたが、みがくときれいにかがやきます。ジャンヌは、これからはこの剣《けん》で身《み》を守《まも》ることにしました。

また、こうもいいました。

「戦《たたか》うときに持《も》つ旗《はた》を、作《つく》ってください。」

その旗《はた》には、*イエス様《さま》と天使《てんし》の絵《え》が、ししゅうされました。

*イエス様《さま》…イエス＝キリストのこと。キリスト教《きょう》を始《はじ》めた人《ひと》。

（この旗《はた》を持《も》って、軍隊《ぐんたい》の先頭《せんとう》に立《た》ち、みんなをはげまそう！）

そう決《き》めていたのです。

さらにジャンヌは、馬《うま》に乗《の》って戦《たたか》う練習《れんしゅう》もします。

そして、イギリス軍《ぐん》に次《つぎ》のような手紙《てがみ》を送《おく》らせました。

「フランスで支配《しはい》した町《まち》を返《かえ》し、イギリスに帰《かえ》りなさい。すぐに引《ひ》きかえさないなら、神《かみ》からつかわされた『乙女《おとめ》』[*1]があなたたちを追《お》いだしてみせます。」

この『乙女《おとめ》』とは、もちろんジャンヌ自身《じしん》のことでした。

「神《かみ》からつかわされた乙女《おとめ》だって？」

手紙《てがみ》を受《う》けとった人《ひと》たちは、どんなにおどろいたことでしょう。

ジャンヌは、荷車《にぐるま》に食料《しょくりょう》をつみ、兵士《へいし》たちをしたがえ、いよいよオルレアンを目指《めざ》して出発《しゅっぱつ》しました。

先頭《せんとう》でジャンヌの旗《はた》がひらめきます。とちゅうで、名《な》だたる軍《ぐん》人《じん》たちがひきいる、べつの味方《みかた》の軍隊《ぐんたい》も、くわわりました。

ジャンヌは進《すす》みつづけながら、自分《じぶん》にいいきかせていました。

（シャルル王太子様《おうたいしさま》、いってきます。戦《たたか》うのは少《すこ》しこわいけど……。一日《にち》でも早《はや》く、町《まち》の人《ひと》たちを助《たす》けたい。イギリス軍《ぐん》から、オルレアンの町《まち》を＊2解放《かいほう》するんだ！）

＊1乙女《おとめ》…むすめ。少女《しょうじょ》。　＊2解放《かいほう》…せいげんやそくばくなどをなくして、自由《じゆう》にすること。

6 オルレアンへ

大都市《だいとし》オルレアンは、城壁《じょうへき》にかこまれ、その所《ところ》どころに、出入《でい》りするための門《もん》がありました。

町《まち》は、もう半年《はんとし》もの間《あいだ》、イギリス軍《ぐん》に取《と》りかこまれていました。

町《まち》の外《そと》にあった「とりで」、つまり戦争《せんそう》をするとき、兵士《へいし》たちが基地《きち》として使《つか》う建物《たてもの》の多《おお》くが、イ

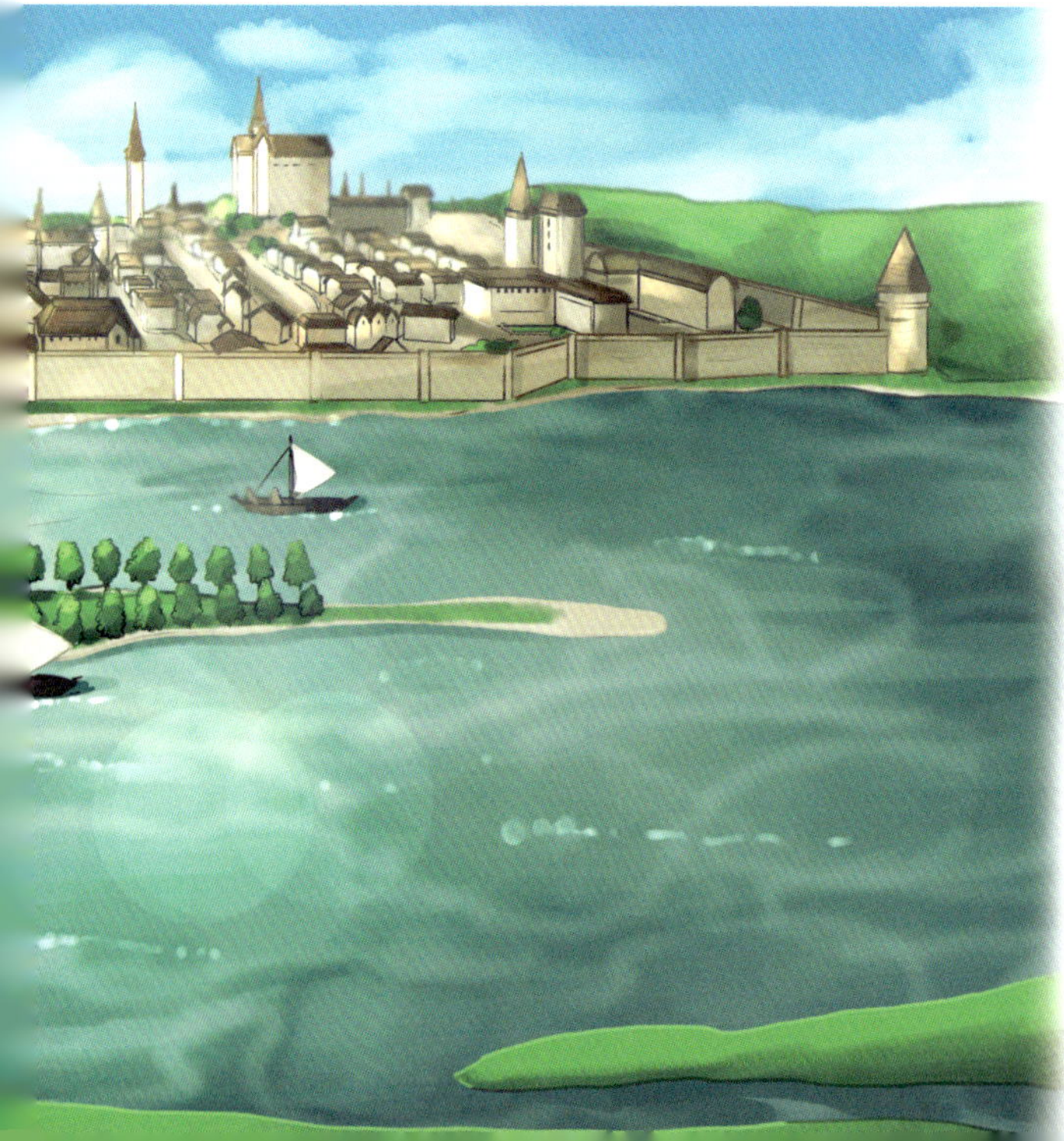

ギリス軍《ぐん》にうばわれていたのです。

イギリス軍《ぐん》は、そこから、町《まち》にせめいろうとしていました。

オルレアンの町《まち》の人《ひと》たちは、これまでは、ロワール川《がわ》から、舟《ふね》でいろいろな荷物《にもつ》を運《はこ》びこんでいました。

ところが、今《いま》は、イギリス軍《ぐん》がじゃまをして、大事《だいじ》な食料《しょくりょう》も運《はこ》びこめなくなっています。

「このままでは、みんなうえ死《じ》にしてしまう。戦《たたか》え！　オルレアンを守《まも》れ！」

町《まち》の人《ひと》たちも、フランスの軍隊《ぐんたい》といっしょに、イギリス軍《ぐん》のこうげきをふせごうと、戦《たたか》っていました。そこへ、ジャンヌが、味方《みかた》の軍隊《ぐんたい》といっしょにやってくるという知《し》らせが、入《はい》ってきたのです。

「神様《かみさま》は、われわれを見《み》すてていなかったんだ！」

人《ひと》びとは、ジャンヌたちがとうちゃくするのを、今《いま》か今《いま》かと、待《ま》ちわびました。

一四二九年《ねん》四月《がつ》二十九日《にち》、ジャンヌたちは、オルレアンの町《まち》を見《み》わたせる場所《ばしょ》にとうちゃくしました。

そこでジャンヌは、はっと気《き》づきました。

「わたしは、ずいぶん遠回《とおまわ》りをさせられて、ここに来《き》たのね。」

そして、出《で》むかえたオルレアンの司令官《*しれいかん》ジャン・ド・デュノワに、こういいました。

「あなたがわたしたちを、こんなに遠回《とおまわ》りでここまでつれてこさせたのですか。」

ジャンは、あきれたような顔《かお》をしました。

「イギリス兵《へい》に出《で》くわすのをさけて、いちばん安全《あんぜん》な道順《みちじゅん》で来《き》てもらっただけだ。」

ジャンヌは、いいかえしました。

「わたしは、すぐにでも、苦《くる》しんでいるオルレアンの人《ひと》たちに食料《しょくりょう》をとどけたいのです。」

それを聞《き》いたジャンは、心《こころ》の中《なか》で、思《おも》いました。

*司令官《しれいかん》…軍隊《ぐんたい》などを指図《さしず》し、かんとくする人《ひと》。

（戦争《せんそう》のことを何《なに》もわからないくせに、えらそうなことをいっているな。こんな少女《しょうじょ》のいうことにしたがっていたら、とんでもないことになる。）

ジャンのような軍隊《ぐんたい》の男性《だんせい》たちは、戦場《せんじょう》にとつぜんあらわれたジャンヌのことを、わらっていました。

「あの女《おんな》の子《こ》が、おれたちといっしょに戦《たたか》うだって？」

軍隊《ぐんたい》で戦《たたか》っているのは、少女《しょうじょ》のジャンヌとはちがい、力《ちから》の強《つよ》い男《だん》性《せい》ばかりです。しかもジャンヌは、農家《のうか》のむすめで、身分《みぶん》も高《たか》くありません。いくら王太子《おうたいし》にオルレアンに行《い》くことをゆるされたとはいえ、軍隊《ぐんたい》の人《ひと》たちから、すぐにみとめてもらうのは、むずかしいことでした。

ジャンは、ふんと、鼻《はな》でわらっていいました。
「今《いま》は風向《かざむ》きが悪《わる》くて、舟《ふね》で食料《しょくりょう》を町《まち》に運《はこ》びこもうとしても、無理《むり》だと思《おも》うが。」

そのころの舟《ふね》は、*ほで風《かぜ》を受《う》けて進《すす》んでいたので、風向《かざむ》きによっては、目的《もくてき》の方向《ほうこう》に進《すす》めなかったのです。

ジャンとジャンヌが、そう話《はな》していたちょうどそのとき、思《おも》いがけないことが起《お》こりました。

ヒュー、ヒュー。

風向《かざむ》きが、反対《はんたい》にかわったのです。

*ほ…船《ふね》の柱《はしら》にはり、風《かぜ》を受《う》けて船《ふね》を進《すす》ませるぬの。

ジャンは、おどろきました。

「ええ？　なんてことだ。」

ジャンヌは、ジャンにたのみました。

「今《いま》なら、舟《ふね》を出《だ》せるのでは？　早《はや》く食料《しょくりょう》を運《はこ》びましょう！」

「わ、わかった。」

ジャンは、急《いそ》いで食料《しょくりょう》を舟《ふね》で町《まち》に運《はこ》びこみました。その間《あいだ》、運《うん》よく、イギリス軍《ぐん》にこうげきされることもなかったのです。

「これで、うえ死《じ》にせずにすむぞ！」

町《まち》の人《ひと》たちは、どんなによろこんだかしれません。

ジャンにとっても、これはうれしいことでした。

(ひょっとすると、ジャンヌはほんとうに神様《かみさま》がつかわした乙女《おとめ》なのかな？　しかし、戦争《せんそう》のやり方《かた》については、やはり自分《じぶん》たち軍《ぐん》人《じん》のほうがよく知《し》っている。すべてをあの少女《しょうじょ》にまかせるわけにはいかない。）

ジャンはそんなことを考《かんが》えながら、ジャンヌにこうすすめました。

「オルレアンの町《まち》には、今《いま》は一つだけ、安全《あんぜん》に出入《でい》りできる門《もん》がある。そこからいっしょに町《まち》に入《はい》ろう。」

こうしてその夜《よる》、ジャンヌは馬《うま》にまたがり、べつの兵士《へいし》にジャンヌの旗《はた》を持《も》たせ、ジャンたちとオルレアンの町《まち》に入《はい》りました。

馬《うま》に乗《の》った軍人《ぐんじん》たちが、後《うし》ろにつづきます。

町《まち》の人《ひと》たちは、大《おお》よろこびでジャンヌをむかえ、たいまつを持《も》っ

て、ジャンヌのまわりを取《と》りかこみました。
「神様《かみさま》の声《こえ》を聞《き》いた少女《しょうじょ》が、来《き》てくれた！」
ところが、人《ひと》びとが、あまりに近《ちか》づきすぎたため、だれかが持《も》っていたたいまつの火《ひ》が、兵士《へいし》がかかげていたジャンヌの旗《はた》に、もえうつってしまったのです。

「たいへん！」

ジャンヌは、馬《うま》のたづなを引《ひ》いて方向《ほうこう》をかえると、旗《はた》の火《ひ》をすぐに消《け》しました。

そのようすは、まるで戦《たたか》いなれた軍人《ぐんじん》のようでした。

人《ひと》びとは、ますますジャンヌをもてはやし、とまる宿《やど》に入《はい》るまで、ぞろぞろと、あとをついてきました。

7 イギリス軍《ぐん》との戦《たたか》い

ジャンヌは、すぐにでも戦《たたか》いを始《はじ》めたかったのですが、ジャンは、きっぱりといいました。

「このあと、おうえんの軍《ぐん》が来《き》て兵士《へいし》の数《かず》がふえる。それまで、戦《たたか》うつもりはない。もう少《すこ》し待《ま》ってくれ。」

ジャンヌはしかたなく、オルレアンの城壁《じょうへき》の上《うえ》に立《た》ち、町《まち》の外《そと》にいるイギリス兵《へい》たちに向《む》かって、さけびました。

「すぐにイギリスに帰《かえ》りなさい！　この町《まち》は、フランス王国《おうこく》のものです！」

イギリス兵《へい》たちは、おなかをかかえてわらいました。

「わっはっは！　あんな少女《しょうじょ》にたよるなんて、フランス軍《ぐん》は、なさけないな！」

このあとも、ジャンヌは、敵《てき》の兵士《へいし》たちに何度《なんど》も見下《みくだ》されましたが、そのたびに気持《きも》ちをふるいたたせました。

（何《なに》をいわれても負《ま》けない。自分《じぶん》がしんじることをやるだけだ。）

次《つぎ》の日《ひ》には、馬《うま》に乗《の》って町《まち》の中《なか》を行進《こうしん》し、町《まち》の人《ひと》たちをはげましました。

そして、一四二九年《ねん》五月四日《がつよっか》、とうとう、おうえんの軍《ぐん》がとうちゃくしました。ようやく戦《たたか》いが始《はじ》まります。

ところが、ジャンたちは、ジャンヌが知《し》らないうちに、先《さき》に戦《たたか》いを始《はじ》めていたのです。ジャンヌは、おこりました。

（自分《じぶん》たちだけで戦《たたか》うつもりなんだ。わたしのことを信用《しんよう》していないんだ。）

くやしくてなりません。すぐによろいを身《み》につけ、旗《はた》を持《も》って馬《うま》にとびのり、戦場《せんじょう》にかけつけます。

とちゅう、けがをしてもどってくるフランス兵《へい》たちと、すれちがいました。

「ああ、なんてこと！」

ジャンヌは、けがをしたり、死《し》んだりした兵士《へいし》を見《み》るたびに、なみだを流《なが》して悲《かな》しみます。

そしてついに、みんなが戦《たたか》っている場所《ばしょ》に着《つ》きました。

イギリス軍《ぐん》にせめられて、苦《くる》しんでいたフランス兵《へい》たちも、これに気《き》づきました。

「あの少女《しょうじょ》が来《き》た！」

ジャンヌは、兵士《へいし》たちをはげましました。

「あきらめないで！　わたしたちには神様《かみさま》がついています！」

「おお――！」

兵士《へいし》たちは、ジャンヌの言葉《ことば》にふしぎと元気《げんき》をとりもどします。

こうしてこの日《ひ》の戦《たたか》いでは、イギリス軍《ぐん》にうばわれていたとりでの一つを、とりかえすことができたのでした。

五月五日《がついつか》、ジャンヌは、戦争《せんそう》をやめて引《ひ》きかえすよう、手紙《てがみ》を書《か》いてもらい、イギリス軍《ぐん》に送《おく》ることにしました。

手紙《てがみ》を矢《や》にむすびつけ、とりでに向《む》かって放《はな》ちます。

しかし、イギリス兵《へい》たちはその手紙《てがみ》を読《よ》んでも、ジャンヌのことをあざけりわらうだけで、戦《たたか》いをやめようとはしませんでした。

（手紙《てがみ》でつたえても、町《まち》を返《かえ》してくれない。明日《あす》も戦《たたか》うしかない。）

ジャンヌはそう思《おも》っていましたが、オルレアンの軍人《ぐんじん》たちは、会議《かいぎ》を開《ひら》き、しばらく戦《たたか》いはやめると決《き》めました。

もともと、シャルル王太子《おうたいし》の人気《にんき》が下《さ》がっており、さらにフランス軍《ぐん》は負《ま》けてばかりだったので、軍人《ぐんじん》たちは、すっかりやる気《き》をなくしていたのです。

次《つぎ》の日《ひ》の朝《あさ》には、軍人《ぐんじん》たちは町《まち》の門《もん》をふさいで、人《ひと》びとが外《そと》に出《で》られないようにしてしまいました。

ジャンヌは、それに反対《はんたい》します。

「今日《きょう》も戦《たたか》いましょう！　町《まち》の人《ひと》たちは、長《なが》い戦《たたか》いに苦《くる》しみ、つかれはてています。早《はや》く助《たす》けてあげたいのです！」

そこに、大声《おおごえ》がひびきました。

「そうだ！　戦《たたか》うべきだ！　ぐずぐずしないで、すぐに動《うご》こう！」

ラ・イールという軍人《ぐんじん》です。

かれは、お金《かね》でやとわれた兵士《へいし》たちをまとめる隊長《たいちょう》でした。

おこりっぽく、気性《きしょう》*のはげしい人《ひと》でしたが、ジャンヌとは意見《いけん》が

*気性《きしょう》…生まれつきもっているせいかく。

合《あ》いました。

二人《ふたり》は、反対《はんたい》する人《ひと》たちをせっとくし、町《まち》の門《もん》を開《あ》けさせます。

そして、馬《うま》といっしょに舟《ふね》に乗《の》って、川《かわ》をわたり、イギリス軍《ぐん》のほうに近《ちか》づいていきました。

岸《きし》に着《つ》くと、舟《ふね》を下《お》り、馬《うま》にとびのります。

「とつげき！　進《すす》め！」

「うわあ、フランス軍《ぐん》が川《かわ》をこえてきたぞ！」

こうして、またはげしい戦《たたか》いが行《おこな》われ、イギリス軍《ぐん》にうばわれていたとりでを、さらにもう一つとりもどすことができました。

その夜《よる》ジャンヌたちは、そのとりでにとまって、次《つぎ》の日《ひ》のこうげきのじゅんびをしました。

Jhesu
Mari

ところが、ジャンヌが会議《かいぎ》に参加《さんか》すると、多《おお》くの軍人《ぐんじん》たちは、もう十分《じゅうぶん》に敵《てき》をたおしたから、明日《あす》は戦《たたか》わないというのです。

ジャンヌは、なげきました。

（どうしてみんな、わたしのことをしんじてくれないんだろう。まだまだ苦《くる》しんでいる町《まち》の人《ひと》たちがいるのに。）

けれども、そんなジャンヌをはげましたのが、町《まち》の人《ひと》たちでした。

「ジャンヌ。今日《きょう》もがんばったね。あなたのことを、みんながたよりにしているよ。さあ、しっかり食事《しょくじ》をとって、ぐっすりねむって、明日《あす》にそなえておくれ。」

オルレアンの町《まち》の人《ひと》たちは、ジャンヌたちの元《もと》にパンや飲《の》み物《もの》などの食料《しょくりょう》をたくさんとどけてくれたのです。

8
オルレアンの乙女《おとめ》

一四二九年《ねん》五月七日《がつなのか》の早朝《そうちょう》、また会議《かいぎ》が開《ひら》かれました。

ジャンヌはその場《ば》で、みんなをふるいたたせました。

「フランスの未来《みらい》は、わたしたちが、今《いま》、どう行動《こうどう》するかにかかっています。このオルレアンをとりもどすことができれば、国《くに》の士気《しき》はかならず上《あ》がります。みんなで力《ちから》を合《あ》わせて、戦《たたか》いましょう！」

「……たしかに。ジャンヌのいうとおりだ。」

こうして、戦《たたか》いが始《はじ》まりました。ジャンヌは、旗《はた》を持《も》ち馬《うま》に乗《の》り、兵士《へいし》たちの先頭《せんとう》を行《い》きます。とりでにはしごをかけ、上《のぼ》ります。

ところが、そんなジャンヌを、イギリス兵《へい》が、ねらっていました。

（あの少女《しょうじょ》さえやっつければ、フランス軍《ぐん》のいきおいは、弱《よわ》まるにちがいない。）

ヒュンッ！

「あっ！」

矢《や》が、ジャンヌのむねに、ささってしまいました。

「い、いたい……。」

思《おも》わず、なみだがこぼれます。

相手《あいて》のイギリス兵《へい》たちは、

「矢《や》が当《あ》たったぞ！」

といって、よろこんでいます。

「だいじょうぶか？」

仲間《なかま》のフランス兵《へい》たちが、ジャンヌを取《と》りかこみ、はなれた場所《ばしょ》にねかせました。

幸《さいわ》い矢《や》は深《ふか》くささっていなかったので、その場《ば》でむねから引《ひ》きぬかれました。

手当《てあ》てをすると、ジャンヌは、すぐに起《お》きあがりました。

「だいじょうぶ。まだ戦《たたか》えます！」

「え？　少《すこ》し休《やす》んだほうがいいよ。」

「そんなひまは、ありません！　今《いま》、戦《たたか》わなければ、フランスはずっとこのままです。だから、このくらいではあきらめません。」

そういうと、ジャンヌは馬《うま》に乗《の》り、戦場《せんじょう》にまたもどったのです。

そして、旗《はた》を持《も》って、みんなに見《み》えるようにふりまわしました。

「さあ、また戦《たたか》いましょう！」

それを見《み》た仲間《なかま》のフランス兵《へい》が、集《あつ》まってきます。

司令官《しれいかん》のジャンも、おどろいてジャンヌの元《もと》へやってきました。

(けがをしたと聞《き》いて心配《しんぱい》したが、むしろわたしのほうが勇気《ゆうき》づけられるとは。やはり、ジャンヌは神様《かみさま》に守《まも》られているようだ。)

もう夕方《ゆうがた》になり、つかれていた兵士《へいし》たちでしたが、もどってきたジャンヌを見《み》るとよろこび、口《くち》ぐちにこういいました。

「ジャンヌが、もどってきたぞ！」

このようすを見《み》たイギリス兵《へい》たちは、ふるえあがりました。

「あの少女《しょうじょ》は、矢《や》を受《う》けて死《し》んだと思《おも》っていたのに、まだ生《い》きていたのか。まさか、*不死身《ふじみ》なんじゃないだろうな。ひょっとして、ほんとうに神様《かみさま》の使《つか》いなのか？」

こうしていきおいにのったジャンヌたちは、イギリス軍《ぐん》を追《お》いつめ、また、べつのとりでを落《お》とすことができたのです。

ジャンヌは、このように命《いのち》をかえりみず、いつも先頭《せんとう》で軍隊《ぐんたい》に号令《ごうれい》をかけ、フランス軍《ぐん》を勝利《しょうり》にみちびきました。

「勝《か》てたのは、ジャンヌのおかげだ！」

兵士《へいし》たちも、だんだんジャンヌをうやまい、信用《しんよう》するようになっていきます。

信心深《しんじんぶか》いジャンヌは、兵士《へいし》たちに、何《なに》か悪《わる》い行《おこな》いをしたら、神様《かみさま》に、おわびをするようにつたえていました。

さいしょはみんな、なかなかそうしてくれませんでしたが、ラ・イールが、まず、したがいました。

「おれは、ジャンヌをしんじるとちかう。だから、いわれたことは守《まも》

*不死身《ふじみ》…死《し》なない体《からだ》。ここでは、打《う》たれてもきずつけられても、死《し》なないくらいのとても強《つよ》い体《からだ》のこと。

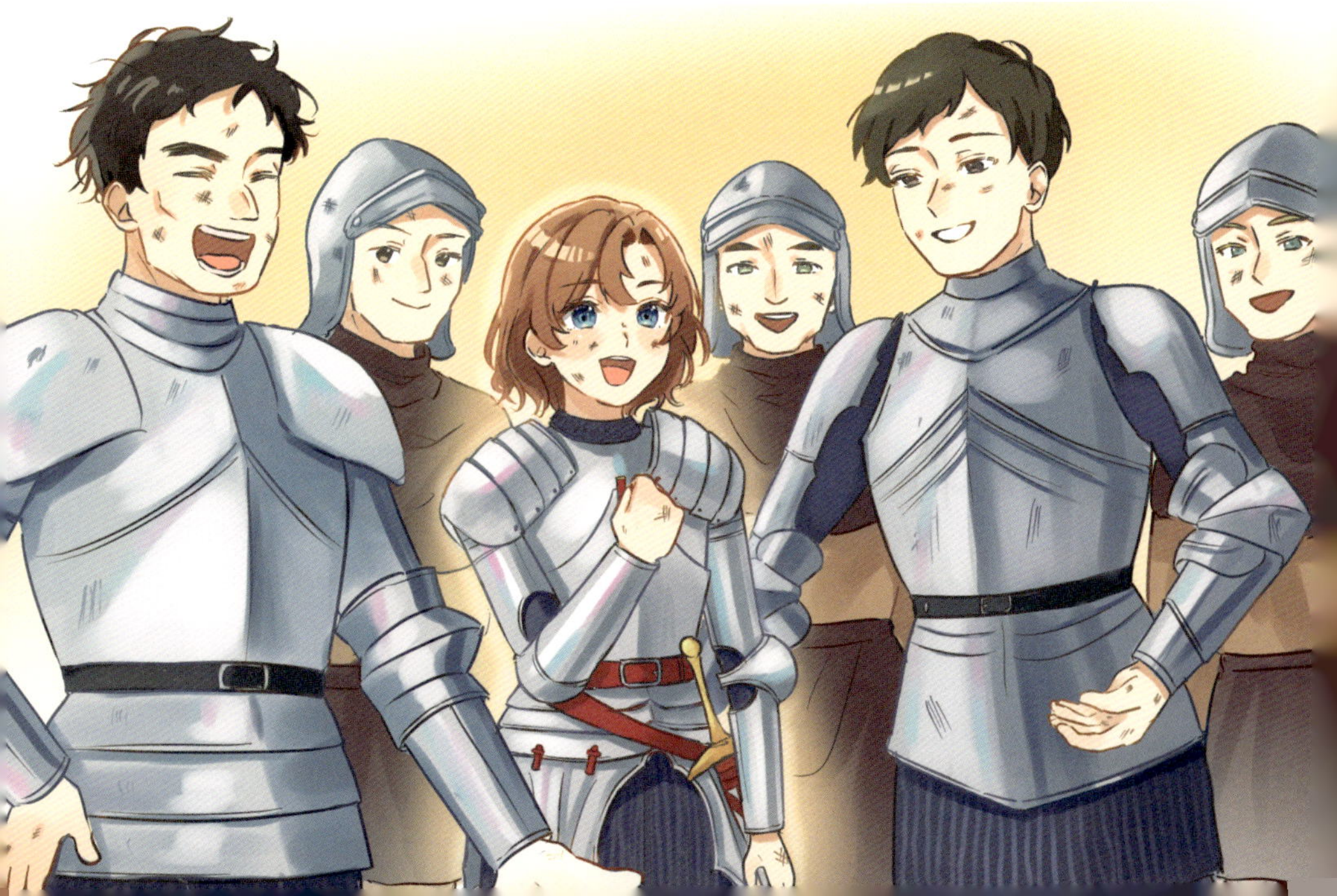

る。まじめに、神様《かみさま》におわびをしてみよう。」

「え？　ラ・イール隊長《たいちょう》がやるんですか？　それなら、わたしたちも。」

こうして、兵士《へいし》みんなが、神様《かみさま》にいのり、悪《わる》いことをしたらおわびをするようになりました。すると、それまでみだれていた軍隊《ぐんたい》のふんいきが、しだいによくなっていったのです。

五月八日《がつようか》になりました。

その朝《あさ》、イギリス軍《ぐん》は、フランス軍《ぐん》からうばったとりでをこわすと、戦《たたか》いにそなえ、馬《うま》に乗《の》って整列《せいれつ》しました。イギリス軍《ぐん》がとりでをこわしたのは、空《から》っぽになったとりでを、フランス軍《ぐん》が使《つか》えないようにするためです。

ジャンヌたちフランス軍《ぐん》はけいかいし、オルレアンの町《まち》をとびだして立《た》ちむかいます。

一時間以上《じかんいじょう》もにらみあっていましたが、やがてイギリス兵《へい》の馬《うま》が、ゆっくり動《うご》きだしました。

ジャンヌは、目《め》をこらしました。

「いったいどうするんだろう。」

するとイギリス兵《へい》たちは向《む》きをかえ、引《ひ》きかえしていきました。

自分《じぶん》たちが勝《か》てる見《み》こみがないと気《き》づいたイギリス軍《ぐん》は、ついに、オルレアンをこうげきすることを、あきらめたのです。

「やった！　フランスが勝《か》った！」

ジャンヌたちは、とびあがってよろこびました。

町《まち》の人《ひと》たちは、口《くち》ぐちにいいました。

「とうとうイギリス軍《ぐん》を追《お》いはらった。オルレアンが解放《かいほう》された！

ありがとう、ジャンヌ！」

くじけそうな兵士《へいし》たちをはげまし、まとめたジャンヌ。かの女《じょ》がいたからこそ、たくさんの人《ひと》たちが、力《ちから》を合《あ》わせることができたのです。

この知《し》らせは、シャルル王太子《おうたいし》にも、つたえられました。

「オルレアンを解放《かいほう》しました。ジャンヌが兵《へい》たちをひきいて、イギリス軍《ぐん》を追《お》いかえしたんです。」

使者《ししゃ》が、次《つぎ》から次《つぎ》へととびこんできて、シャルル王太子《おうたいし》は、おどろきます。

「ほんとうか？　ほんとうにオルレアンを？」

そして、シャルル王太子《おうたいし》は、このことを手紙《てがみ》に書《か》き、たくさんの人《ひと》につたえました。そのおかげでジャンヌは、すっかり有名《ゆうめい》になり、「オルレアンの乙女《おとめ》」とよばれるようになりました。

王太子《おうたいし》は、大活《だいかつ》やくしたジャンヌに、貴族《きぞく》の身分《みぶん》をあたえました。

オルレアンをあとにしたジャンヌは、司令官《しれいかん》ジャンとともに、王太子《おうたいし》に会《あ》いに行《い》きました。

とうちゃくすると、王太子《おうたいし》が出《で》むかえます。

「よくやってくれた！」

ジャンヌは、馬《うま》から下《お》りて、頭《あたま》を深《ふか》く下《さ》げると、こういいました。

「いよいよシャルル王太子様《おうたいしさま》が、ランスに行《い》き、大聖堂《だいせいどう》で戴冠式《たいかんしき》をするときが、やってまいりました。」

ところが、王太子《おうたいし》と、そのまわりの家臣《かしん》たちは、さんせいしてくれませんでした。

「ランスは遠《とお》い。そこまで行《い》くには、イギリスに支配《しはい》されている町《まち》をいくつも通《とお》っていかなくてはならない。そのたびに戦《たたか》わなければならないから、とても無理《むり》だ。」

それだけの戦争《せんそう》をするには、兵士《へいし》をやとったり、兵士《へいし》たちの食料《しょくりょう》や武器《ぶき》を用意《ようい》したりするなど、たくさんのお金《かね》がかかります。じつは、フランス軍《ぐん》は、戦争《せんそう》に使《つか》えるお金《かね》が少《すく》なくなっていました。

それで王太子《おうたいし》たちは、なるべく戦争《せんそう》はしたくないと思《おも》っていたのです。けれども、ジャンヌはいいました。

「王太子様《おうたいしさま》が、ランスで戴冠式《たいかんしき》をすれば、みんな、王《おう》になったことをみとめないわけにはいかなくなります。イギリス軍《ぐん》もひるんで、戦争《せんそう》も落《お》ちつくでしょう。だからこそ、ランスに行《い》くべきです。」

「……たしかにそうかもしれない。」

シャルル王太子《おうたいし》は、ジャンヌにせっとくされ、ついにその意見《いけん》を聞《き》きいれました。

9 フランス軍《ぐん》の勝利《しょうり》

こうして、遠《とお》いランスを目指《めざ》し、ジャンヌたちの進軍《しんぐん》が始《はじ》まりました。

このとき司令官《しれいかん》になったのが、アランソン公《こう》でした。

かれは、身分《みぶん》の高《たか》い貴族《きぞく》でしたが、かつてイギリスに人質《ひとじち》として、五年間《ねんかん》もとらえられていたことがありました。そのくやしさもてつだって、

「なんとしても、イギリスを打《う》ちまかすぞ！」

と、はりきっています。

アランソン公《こう》は、ジャンヌに、以前会《いぜんあ》ったことがありました。ジャンヌが、王太子《おうたいし》に会《あ》い、オルレアンに出発《しゅっぱつ》するじゅんびをしていたころのことです。

王太子《おうたいし》が乗《の》った馬《うま》の後《うし》ろを、やりをかついで走《はし》っていくジャンヌのすがたを見《み》て、おどろいたのでした。

(ずいぶん、いさましい女《おんな》の子《こ》だな。)

馬《うま》に乗《の》って戦《たたか》う練習《れんしゅう》をいっしょにしたときは、こう感《かん》じました。

(なんて武器《ぶき》の使《つか》い方《かた》がうまいんだろう。)

それ以来《いらい》、ジャンヌを信用《しんよう》し、おたがい親《した》しくしていたのです。

そのため、ジャンヌといっしょにランスへ向《む》かうことを、とてもたのもしく感《かん》じていました。

ジャンや、ラ・イールも、また戦《たたか》いにくわわります。

「わたしも、いっしょに戦《たたか》わせてください。」

ジャンヌのうわさが広《ひろ》まり、みんなの期待《きたい》が高《たか》まったおかげで、フランス軍《ぐん》の兵士《へいし》の数《かず》はふえていきました。

まず、イギリスに支配《しはい》されていた*ジャルジョーという町《まち》に向《む》かいました。けれども、アランソン公《こう》や、ラ・イールたちの意見《いけん》はくいちがい、毎日話《まいにちはな》し合《あ》いばかりして、なかなかせめこもうとしません。しびれを切《き》らしたジャンヌは、いいました。

*ジャルジョー…フランス東部《とうぶ》の町《まち》。

「行動《こうどう》にうつさなければ、何《なに》もかわりません。なやんでいるくらいだったら、まず、行動《こうどう》すること！」

こうして、一四二九年《ねん》六月《がつ》十一日《にち》と十二日《にち》に、戦《たたか》いが行《おこな》われました。

ジャンヌは、旗《はた》を持《も》ち、馬《うま》に乗《の》って真《ま》っ先《さき》にかけていきます。そして、兵士《へいし》たちに、「さあ、前進《ぜんしん》！」とはっぱをかけます。

ここでも兵士《へいし》たちは、ジャンヌに勇気《ゆうき》づけられました。

フランス軍《ぐん》は、大《たい》ほうを使《つか》ってせめましたが、イギリス軍《ぐん》からも、同《おな》じように大《たい》ほうのたまがとんできます。

「そこにいたら、あぶない！」

ジャンヌは、アランソン公《こう》が気《き》がつかずにいるのを見《み》て、思《おも》わずつきとばして下《さ》がらせました。

ドッカーン！
その直後《ちょくご》に、
大《たい》ほうのたまが、
かれがいた場所《ばしょ》に
落《お》ちたのです。

「もう少《すこ》しで死《し》ぬところだった……。ありがとう。」

アランソン公《こう》は、ジャンヌに心《こころ》からお礼《れい》をいいました。

ところがそのあと、ジャンヌのかぶっていたかぶとにも、とんできた大《おお》きな石《いし》が当《あ》たりました。

「ああっ！」

ジャンヌは地面《じめん》にたおれこみます。しかし、すぐに立《た》ちあがると、まわりの兵士《へいし》たちにいいました。

「こんなことでひるんでたまるものですか。みんな、わたしはだいじょうぶ。あきらめないで、戦《たたか》いましょう！」

（やはり、すごい少女《しょうじょ》だ！）

アランソン公《こう》は、何度《なんど》もジャンヌの行動《こうどう》や言葉《ことば》におどろかされたのです。

こうして、ジャルジョーの町《まち》を、とりもどすことができました。

六月《がつ》十七日《にち》、パテーという町《まち》に近《ちか》い平原《へいげん》に着《つ》くと、そこにはイギリス軍《ぐん》が、集《あつ》まっていました。ジャンヌたちの軍隊《ぐんたい》は、相手《あいて》がよく見《み》えるよう、おかの上《うえ》に登《のぼ》り、整列《せいれつ》します。

しばらく、にらみあいがつづきました。

アランソン公《こう》が心配《しんぱい》して、ジャンヌにいいました。

「もしかすると、イギリス軍《ぐん》は、ここからさらにふえるかもしれない。そうなると、そうかんたんには勝《か》てないな。」

しかし、ジャンヌは首《くび》をふりました。

「だいじょうぶ。イギリス軍《ぐん》は、負《ま》けるに決《き》まっています。すぐに動《うご》けるよう、馬《うま》にいい*拍車《はくしゃ》をつけておいて。」

ジャンヌはそうきっぱりといいきったのです。

次《つぎ》の日《ひ》の六月《がつ》十八日《にち》、戦《たたか》いが始《はじ》まりました。

ところが、たくさんいたイギリス兵《へい》のすがたが、いつのまにか、ほとんど見《み》えなくなっています。

「いったい、どこにかくれているの？」

フランス軍《ぐん》の兵士《へいし》があたりを見回《みまわ》っていると、一頭《とう》のシカがあらわれ、そのしげみにとびこんだのです。

そこから「わあ！」と声《こえ》が上《あ》がったため、フランス軍《ぐん》はイギリス軍《ぐん》がひそんでいる場所《ばしょ》に気《き》づきました。

「あそこにかくれていたのね。こちらからしかけましょう。」

フランス軍《ぐん》は、相手《あいて》に気《き》づかれないようにそっと近《ちか》づくと、一気《いっき》に、おそいかかりました。すると、イギリス軍《ぐん》は大《だい》こんらんになり、あっというまに負《ま》けてしまいました。

なんと、ジャンヌのいったとおりになったのです。これにはアランソン公《こう》もおどろきました。

これは、のちに「パテーの戦《たたか》い」とよばれた、百年戦争《ひゃくねんせんそう》の中《なか》でも大《おお》きな戦《たたか》いの一つでした。

＊拍車《はくしゃ》…乗馬《じょうば》ぐつのかかとに取《と》りつける金具《かなぐ》。これで馬《うま》の体《からだ》にしげきをあたえて、速《はや》く走《はし》らせる。

10 ランスでの戴冠式《たいかんしき》

　このころ、シャルル王太子《おうたいし》は、国王軍《こくおうぐん》といっしょに、ジアンという町《まち》にいました。ジャンヌたちも、そこに合流《ごうりゅう》します。

　王太子《おうたいし》は、大《おお》よろこびで、ジャンヌたちの戦《たたか》いぶりをほめました。

「すばらしい！　よくやった！」

　そして、一四二九年《ねん》六月《がつ》二十九日《にち》、軍隊《ぐんたい》は王太子《おうたいし》とともに、いよいよ戴冠式《たいかんしき》を行《おこな》うランスに向《む》けて出発《しゅっぱつ》しました。

　まず、オーセールという、イギリスに味方《みかた》する軍隊《ぐんたい》がいる町《まち》を、取《と》りかこみました。

使者《ししゃ》を送《おく》って話《はな》し合《あ》いをすると、この町《まち》の人《ひと》たちは、門《もん》を開《ひら》いてはくれませんでしたが、食料《しょくりょう》をとどけてくれました。軍隊《ぐんたい》は大《おお》ぜいで長《なが》い旅《たび》をしているので、たくさんの食料《しょくりょう》がひつようになるのです。

次《つぎ》は、トロワの町《まち》に向《む》かいました。

すると、リシャールという修道士《しゅうどうし》＊1が、使者《ししゃ》としてやってきました。

ジャンヌが、いったいどんな少女《しょうじょ》なのか、たしかめに来《き》たのです。

（あやしい預言《よげん》をする少女《しょうじょ》だというが、まさか魔女《まじょ》ではないだろうな。ねんのために、聖水《せいすい》＊2をまいてみよう。）

当時《とうじ》は、この世《よ》に魔女《まじょ》がいると、しんじられていました。

もし魔女《まじょ》なら、神様《かみさま》に清《きよ》められた聖水《せいすい》をかけられると、ひるむはずです。

＊1修道士《しゅうどうし》…キリスト教《きょう》のカトリック教会《きょうかい》で、ちかいをたて、規則《きそく》を守《まも》りながら人《ひと》びとに神《かみ》の教《おし》えをとく男性《だんせい》。
＊2聖水《せいすい》…カトリック教会《きょうかい》で、儀式《ぎしき》などに用《もち》いられる聖《せい》なる水《みず》。

けれども、リシャールが聖水《せいすい》をまきながら近《ちか》づいてくるのを見《み》て、ジャンヌは、わらっていいました。
「勇気《ゆうき》を出《だ》して、もっと近《ちか》くにきてください。わたしは空《そら》をとんでにげるようなことはしませんから。」
リシャールは、ジャンヌと話《はな》してみて、魔女《まじょ》ではなく、信用《しんよう》できる少女《しょうじょ》であることに気《き》がつきます。
しかし、町《まち》の人《ひと》たちが門《もん》を開《ひら》いてくれないので、食料《しょくりょう》が不足《ふそく》してきました。王太子《おうたいし》の家臣《かしん》は、「ジアンに引《ひ》きかえしたほうがよいのでは」と、いいはじめましたが、ジャンヌは会議《かいぎ》で反対《はんたい》しました。

「王太子様《おうたいしさま》。トロワの町《まち》を取《と》りかこむよう、命令《めいれい》してください。戦《たたか》うか、戦《たたか》わずにすむかわかりませんが、そうしたら、かならず王《おう》太子様《たいしさま》をすぐに町《まち》の中《なか》にご案内《あんない》することができます。」

王太子《おうたいし》がそのとおりに命令《めいれい》を出《だ》すと、ジャンヌは、町《まち》のまわりに、大《たい》ほうをずらりとならべさせました。

すると、修道士《しゅうどうし》のリシャールが、町《まち》の人《ひと》たちに、「ジャンヌは魔《ま》女《じょ》ではない。聖《せい》なる乙女《おとめ》だ」と話《はな》してくれたおかげで、トロワの町《まち》は、とうとう門《もん》を開《ひら》いてくれたのです。またもジャンヌのいったとおりになりました。

こうして七月十日《がつとおか》、ジャンヌと王太子《おうたいし》たちは、入城《にゅうじょう》しました。

七月十二日《にち》、王太子《おうたいし》の軍隊《ぐんたい》は、ふたたび出発《しゅっぱつ》します。

「あともう少《すこ》しでランスだ。」

しかし、ランスの町《まち》もイギリスに味方《みかた》しているのです。

ジャンヌは、みんなをはげましました。

「あともうひとがんばりしましょう。ランスさえ落《お》とせば、王太子《おうたいし》様《さま》は戴冠式《たいかんしき》ができるのです。」

そのころランスの町《まち》の人《ひと》たちは、話《はな》し合《あ》いをして、こう決《き》めていました。

「シャルル王太子《おうたいし》こそ、フランスの国王《こくおう》にふさわしいお方《かた》だ。王太《おうたい》子《し》様《さま》やジャンヌを、よろこんで町《まち》におむかえしよう。」

そして、使者《ししゃ》を出《だ》して、「王太子《おうたいし》様《さま》にしたがいます」とつたえました。

ジャンヌは、その知《し》らせを聞《き》いて、とびあがってよろこびました。

「むだな戦《たたか》いをせずに門《もん》を開《ひら》いてくれて、ほんとうによかった！

これで平和《へいわ》に戴冠式《たいかんしき》ができる。」

ところが、反対《はんたい》にこまったのが、ランスでイギリスに味方《みかた》していた人《ひと》たちです。コーションという司教《しきょう》＊は、

「まったく、ジャンヌさえいなければ、この町《まち》はわれわれのものだったのに。」

と、くやしがりながら、町《まち》からにげだしていきました。

七月十六日《がつ にち》、王太子《おうたいし》やジャンヌがランスに入《はい》ると、町《まち》の人《ひと》たちは、よろこんでむかえてくれました。

＊司教《しきょう》…カトリック教会《きょうかい》の高《たか》い位《くらい》の役職名《やくしょくめい》の一つ。

次《つぎ》の日《ひ》、大《おお》きくてりっぱな大聖堂《だいせいどう》で、戴冠式《たいかんしき》が行《おこな》われました。

式《しき》は、正面《しょうめん》の祭壇《さいだん》で進《すす》められます。まねかれた大《おお》ぜいの人《ひと》たちが参列《さんれつ》しています。

シャルル王太子《おうたいし》は、祭壇《さいだん》の前《まえ》で深《ふか》ぶかと頭《あたま》を下《さ》げ、大司教《だいしきょう》がその体《からだ》に*聖油《せいゆ》をつけます。そして、頭《あたま》に王《おう》かんをのせます。

これで、シャルルは、神様《かみさま》から王《おう》としてみとめられたのです。

そのとたん、ラッパの音《おと》が鳴《な》りひびき、参列《さんれつ》していた人《ひと》たちが、

「ばんざい！　ばんざい！」と、さけびました。

＊聖油《せいゆ》…カトリック教会《きょうかい》で、儀式《ぎしき》などに用《もち》いられる香料《こうりょう》をくわえた聖《せい》なる油《あぶら》。

ジャンヌは式《しき》の間《あいだ》ずっと、自分《じぶん》の旗《はた》を持《も》って、王太子《おうたいし》のそばに立《た》っていました。

(とうとう、この日《ひ》をむかえることができた。つらいことも、苦《くる》しいこともあったけれど、あきらめずにやりとげてよかった。)

式《しき》が終《お》わると、ジャンヌは感動《かんどう》のあまり、国王《こくおう》の足《あし》にすがりついて、なきじゃくりました。

「気高《けだか》き国王様《こくおうさま》! これで神様《かみさま》のお考《かんが》えのとおりになりました。」

オルレアンの乙女《おとめ》とよばれ、みんなからたよりにされたジャンヌは、まだ十七歳《さい》の少女《しょうじょ》でもあるのです。

戴冠式《たいかんしき》には、ジャンヌの両親《りょうしん》も、まねかれていました。

「ジャンヌ、よくやったね。」

「お父《とう》さん、お母《かあ》さん、来《き》てくれてありがとう。」

みんなでだきあって、再会《さいかい》をよろこびます。

ジャンヌのおかげで、ドンレミ村《むら》と近《ちか》くのグルー村《むら》は、それから長《なが》い間《あいだ》、国《くに》にお金《かね》をおさめなくてもよいことになりました。

こうしてジャンヌは、二月《がつ》にボークルールを出発《しゅっぱつ》してから半年《はんとし》もたたないうちに、王太子《おうたいし》を正式《せいしき》な国王《こくおう》にするという、大《おお》きな仕事《しごと》をなしとげたのです。

11

パリを取《と》りもどしたいのに

これまでイギリスがわについていた人《ひと》たちも、シャルル王太子《おうたいし》が正式《せいしき》な国王《こくおう》になったことを、みとめざるをえなくなりました。

あちこちの町《まち》が、シャルル国王《こくおう》にしたがうようになります。

ジャンヌが、「ランスで戴冠式《たいかんしき》をすれば力《ちから》が強《つよ》まる」といったのは、まったくそのとおりだったのです。

（このいきおいにのって、パリをとりもどしたい！）

ジャンヌはそう思《おも》い、フランスの中心地《ちゅうしんち》パリを目指《めざ》しました。

そして一四二九年《ねん》八月《がつ》十五日《にち》、パリの近《ちか》くで、フランス軍《ぐん》とイギリス軍《ぐん》が、にらみあいになります。

ところが、このときは、けっきょく大《おお》きな戦《たたか》いにはいたらず、それぞれ引《ひ》きあげていきました。

ジャンヌは知《し》らなかったのですが、フランス国王《こくおう》になったシャルルと、イギリスとの間《あいだ》で、戦《たたか》いをさける話《はな》し合《あ》いが進《すす》められていたのです。

その話《はな》し合《あ》いの場《ば》にいたのが、フランスでイギリスがわについていたブルゴーニュ公《こう》です。

かれは大領主《だいりょうしゅ》で、とても強《つよ》い力《ちから》をもっていました。

しかし、自分《じぶん》の領地《りょうち》がおびやかされないことばかり考《かんが》え、イギリスがわについたり、フランスがわについたり、うまく立《た》ちまわっていたのです。

けれども、シャルル王太子《おうたいし》がランスで戴冠式《たいかんしき》をしたので、ブルゴーニュ公《こう》も、シャルルを国王《こくおう》とみとめないわけにはいかなくなりました。そこでブルゴーニュ公《こう》は、イギリスとフランスの間《あいだ》に入《はい》って、休戦《きゅうせん》するようにはたらきかけたのです。シャルル国王《こくおう》も、*和平《わへい》をのぞんでいたので、そのていあんを受《う》けいれ、休戦《きゅうせん》することを決《き》めました。

「なんですって？　戦《たたか》うのをやめる？」

神様《かみさま》の言葉《ことば》どおり、ジャンヌは、まだまだ戦《たたか》うべきだと思《おも》っていました。イギリスに支配《しはい》されている領土《りょうど》はのこっていたからです。

（どうしよう。国王様《こくおうさま》と、意見《いけん》が分《わ》かれてしまった。）

ジャンヌは、なやみ、落《お》ちこみました。

けれども、ここで自分《じぶん》の使命《しめい》を投《な》げだすわけにはいきません。

ジャンヌは、休戦《きゅうせん》には、あくまで反対《はんたい》しました。

（そうかんたんに、この戦争《せんそう》が終《お》わるはずがないもの……。）

じっさい、イギリス軍《ぐん》は和平《わへい》のうらでは、さらに多《おお》くの軍隊《ぐんたい》をパリ周辺《しゅうへん》に送《おく》りこみ、フランスにせめこもうとしていました。

（わたしの大切《たいせつ》なフランスを、守《まも》らなくては！）

パリでは、イギリスに味方《みかた》している、ブルゴーニュがわの軍人《ぐんじん》たちが指揮《しき》をとっていました。

＊和平《わへい》…戦争《せんそう》をやめて仲直《なかなお》りすること。

九月八日《がつようか》、ジャンヌは、ふたたびアランソン公《こう》とともにパリにいる軍《ぐん》をこうげきしました。大《たい》ほうや弓矢《ゆみや》など、あらゆる武器《ぶき》がとびかう、戦《たたか》いになりました。

ヒュン！

ジャンヌの足《あし》に、矢《や》がささりました。しかし、ジャンヌはそれを引《ひ》きぬき、まわりの兵士《へいし》にさけびました。

「あきらめないで！　もう少《すこ》しでとりでは落《お》ちます！」

しかし、夜《よる》になっても決着《けっちゃく》はつきません。

「今日《きょう》はここで引《ひ》きあげましょう」

と、まわりの兵士《へいし》たちはジャンヌをなだめ、いったん引《ひ》きあげることになりました。

次《つぎ》の日《ひ》、ジャンヌはまた戦《たたか》おうとじゅんびをしていたのですが、そこにシャルル国王《こくおう》からの使《つか》いが来《き》ました。

「軍隊《ぐんたい》を引《ひ》きあげるように。」

「え？」

ジャンヌは、おどろきます。

次《つぎ》のこうげきのために、アランソン公《こう》は、川《かわ》にうかべる橋《はし》を作《つく》っていたのですが、国王《こくおう》は、それもやきはらってしまいました。

（国王様《こくおうさま》が、どうしてそんなことを……。）

国王《こくおう》は、しだいにこう考《かんが》えるようになっていました。

（ジャンヌのおかげで国王《こくおう》になることができたが、いつまでもかの女《じょ》のいうことを聞《き》いているわけにはいかない。この国《くに》をこれからどうするか決《き》めるのは、わたしだ。)

ジャンヌは、なげきました。

(パリを、フランスを守《まも》りたかったのに……。)

あきらめて、自分《じぶん》が着《き》ていたよろい一式《いっしき》と、敵《てき》からうばった剣《けん》を一ふり*、パリの近《ちか》くにあるサン＝ドニ大聖堂《だいせいどう》におさめました。

さらに、つらいことがありました。

九月《がつ》二十一日《にち》、シャルル国王《こくおう》からある命令《めいれい》が下《くだ》ったのです。

「軍隊《ぐんたい》を解散《かいさん》しなさい。」

つまり、もう仲間《なかま》たちとともに戦《たたか》うことも、ゆるされなくなったのです。

＊ふり…刀《かたな》や剣《けん》などの本数《ほんすう》を数《かぞ》える言葉《ことば》。

12

イギリス軍《ぐん》のほりょに

その後《ご》、アランソン公《こう》は、イギリス軍《ぐん》にせめられているノルマン*1ディー地域《ちいき》に、戦《たたか》いに行《い》くことになりました。そこは、休戦《きゅうせん》のやくそくがされていない地方《ちほう》だったからです。アランソン公《こう》は、「ジャンヌも、ノルマンディーにつれていきたいのですが」と、シャルル国王《こくおう》にたのんだのですが、みとめてもらえませんでした。

ジャンヌは、もう大《おお》きな軍隊《ぐんたい》をひきいることは、できませんでした。ラ・イールやジャンとも、べつべつの行動《こうどう》です。

ときどき少《すく》ない人数《にんずう》の軍隊《ぐんたい》で、シャルル国王《こくおう》にはむかう軍《ぐん》ぜいと戦《たたか》うことはありましたが、なかなかうまくいきませんでした。

軍隊《ぐんたい》の解散《かいさん》から半年《はんとし》ほどたった、次《つぎ》の年《とし》の一四三〇年《ねん》三月《がつ》、イギリスとの休戦《きゅうせん》の期間《きかん》が、終《お》わりになりました。

すると、思《おも》いがけないことが起《お》きました。

ブルゴーニュ公《こう》が、フランスがわの[2]コンピエーニュという町《まち》に向《む》け、

＊1ノルマンディー…イギリス海峡《かいきょう》に面《めん》するフランス北西部《ほくせいぶ》の地方《ちほう》。
＊2コンピエーニュ…パリの北東《ほくとう》にある都市《とし》。

自分《じぶん》の軍隊《ぐんたい》を進《すす》めたのです。

シャルル国王《こくおう》に対《たい》しては、おたがいもう戦《たたか》いはやめようといっていたのに、やっていることは正反対《せいはんたい》です。

ジャンヌは、わずか数百人《すうひゃくにん》の小《ち》さな軍隊《ぐんたい》で、コンピエーニュに向《む》かうことにしました。

(町《まち》を、明《あ》けわたすわけにはいかない!)

戦《たたか》いはじめると、敵《てき》は強《つよ》く、なかなかたおすことができません。

(ああ、こんなときに、ラ・イールや、ジャンや、アランソン公《こう》がいてくれたらよかったのに!)

ジャンヌは、かつていっしょに戦《たたか》ってくれた、たのもしい軍人《ぐんじん》たちを思《おも》いだし、歯《は》がゆい思《おも》いでいっぱいです。

（だけど、わたしたちだけで、やれるだけ、やるしかない。）

しかし、味方《みかた》の兵士《へいし》たちはブルゴーニュ公《こう》がわの軍《ぐん》にせめたてられて、もうこれ以上《いじょう》もちこたえることが、できそうにありません。

（仲間《なかま》たちを、むだに死《し》なせるわけにはいかない。）

ジャンヌは、さけびました。

「ここは、一回引《かいひ》きかえしましょう！」

馬《うま》に乗《の》ったジャンヌは、いちばん後《うし》ろを守《まも》って、仲間《なかま》たちを先《さき》に町《まち》の中《なか》に入《い》れます。

ところが、そのとき、敵《てき》が入《はい》ってくるのをふせごうと、町《まち》の門《もん》がギギギギッと、とじられてしまったのです。

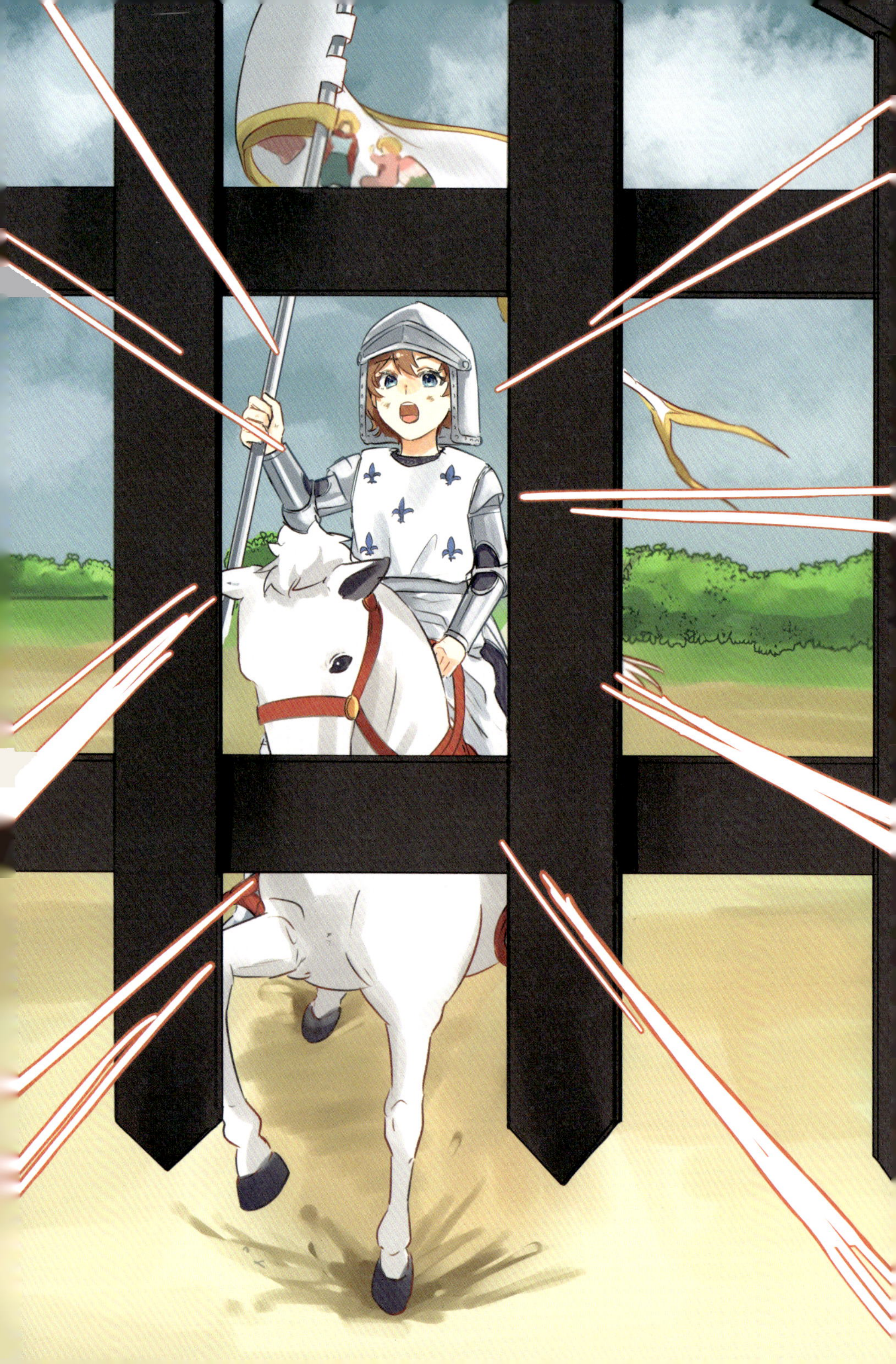

「……まずい！」

ジャンヌは、わずかな兵《へい》とともに、町《まち》の外《そと》に取《と》りのこされてしまいました。敵《てき》の兵士《へいし》たちはすぐにジャンヌを取《と》りかこみ、にやりとしました。

「とうとう、あの少女《しょうじょ》をつかまえたぞ！」

ジャンヌは、よろいの上《うえ》に着《き》た服《ふく》をつかまれ、馬《うま》の上《うえ》から引《ひ》きずりおろされて、地面《じめん》にたおれこみました。

「ああ！」

こうして五月《がつ》二十三日《にち》、ジャンヌはブルゴーニュ公《こう》がわの、＊ほりょになってしまったのです。

＊ほりょ…敵《てき》につかまった人《ひと》。

ジャンヌは、城《しろ》のろうやにとじこめられました。

(なんとか、外《そと》に出《で》られないかな。)

とじこめられている間《あいだ》、何度《なんど》も、にげだそうとしたため、いろいろな場所《ばしょ》にうつされました。高《たか》い塔《とう》からとびおりたこともありましたが、このときは気《き》をうしなってしまい、にげられませんでした。

そして十二月六日《がつむいか》、ジャンヌはブルゴーニュ公《こう》がわから、イギリスにお金《かね》で売《う》りわたされました。イギリスは、ジャンヌを、神様《かみさま》にそむいた人間《にんげん》だと決《き》めつけて、ばっしたかったのです。

当時《とうじ》、キリスト教《きょう》を信《しん》じるイギリスやフランスなどの国《くに》では神《かみ》の教《おし》えにそむくことは大《おお》きな罪《つみ》とされていました。ジャンヌが悪《わる》いということになれば、その助《たす》けで王《おう》になったシャルル国王《こくおう》も、信用《しんよう》がなくなり、フランスの力《ちから》は弱《よわ》まるはずです。

ジャンヌは、イギリスがわについていたルーアン*という町《まち》で、キリスト教《きょう》の教《おし》えに反《はん》していないか、裁判《さいばん》をするため、取《と》り調《しら》べを受《う》けることになりました。

このとき裁判長《さいばんちょう》だったのが、フランス軍《ぐん》がランスの町《まち》に入《はい》ったときににげだした、司教《しきょう》コーションです。かれはジャンヌに、いろいろなじゃまをされ、うらみをもっていました。

(とうとうあのむすめを、とらえることができたぞ。)

ジャンヌは、足《あし》にくさりをつけられ、名前《なまえ》や、生《う》まれた場所《ばしょ》、両《りょう》親《しん》のこと、神様《かみさま》の声《こえ》を聞《き》いたときのことなど、いろいろな質問《しつもん》を受《う》けました。


*ルーアン…フランス北部《ほくぶ》セーヌ川下流《がわかりゅう》にある都市《とし》。

ジャンヌは、答《こた》えました。

「神様《かみさま》は、わたしにフランスを救《すく》いなさいとおっしゃいました。フランスを守《まも》るため行動《こうどう》したことが、まちがいだとは思《おも》いません。」

「しかし、どうして男《おとこ》の服《ふく》を着《き》たのだ。」

そのころのキリスト教《きょう》では、女性《じょせい》は女性用《じょせいよう》の服《ふく》を着《き》るべきだとされていたのです。ジャンヌは、いいました。

「神様《かみさま》が、そうしなさいとおっしゃったからです。」

取《と》り調《しら》べと裁判《さいばん》の結果《けっか》、ジャンヌは死刑《しけい》になりませんでした。それにもかかわらず、ジャンヌに不利《ふり》なかたちで裁判《さいばん》はつづけられました。コーションは、ジャンヌが悪《わる》いことをしたというしょうこを集《あつ》めようとしたのです。ですが、どうしても見《み》つかりません。

そこで、コーションはジャンヌを火《ひ》あぶりにするとおどしました。

「たとえ、火《ひ》をつけられたとしても、わたしは、今《いま》までいったこと以外《いがい》のことは、ぜったいにしゃべりません。」

ジャンヌは、きっぱりといいました。

しかし、それでもジャンヌは行《おこな》いをく*1いあらためる、という*2誓約書《せいやくしょ》にサインをさせられたのでした。

それからは、女性《じょせい》の服《ふく》を着《き》て、ずっとろうやですごすことになりました。

*1くいあらためる…自分《じぶん》のした悪《わる》い行《おこな》いを、悪《わる》いと気《き》づいて心《こころ》を入《い》れかえる。

*2誓約書《せいやくしょ》…ちかったことにまちがいがないというしょうこに、自分《じぶん》の名前《なまえ》を記《しる》した書類《しょるい》。

13

語《かた》りつがれるジャンヌ

次《つぎ》の日《ひ》、コーションに知《し》らせが入《はい》りました。

「ジャンヌが、男《おとこ》の服《ふく》を着《き》ています！」

誓約書《せいやくしょ》には、「もう男性《だんせい》の服《ふく》は着《き》ないことをちかう」と書《か》かれていました。かけつけてみると、前《まえ》の日《ひ》は女性《じょせい》の服《ふく》を着《き》ていたジャンヌが、今《いま》は男性《だんせい》の服《ふく》を着《き》ているではありませんか。

「なぜ、女《おんな》の服《ふく》ではなく男《おとこ》の服《ふく》を着《き》ているのだ？」

「神様《かみさま》が、そうせよとおっしゃったからです。」

（わたしは自分《じぶん》がしんじることを行《おこな》いたい。）

一歩《ぽ》も引《ひ》かないジャンヌに、コーションは
（ひっかかったな。これでジャンヌを処刑《しょけい》*1にできる。）

と、にやりとわらい、いいわたしました。

「これはもう、救《すく》いようがない。やくそくをやぶり、また神《かみ》の教《おし》えにそむいたのだ。おまえを、破門《はもん》*2にする。」

くいあらためると一度《ど》神様《かみさま》にちかった誓約《せいやく》をやぶることは、キリスト教《きょう》の信者《しんじゃ》の資格《しかく》をうしなうほどの罪《つみ》とされていました。神様《かみさま》をしんじて戦《たたか》ったジャンヌにとって、くつじょく*3的《てき》な判決《はんけつ》でした。

その後《ご》、ジャンヌは火《ひ》あぶりにされることが決《き》まってしまいました。大《おお》ぜいの人《ひと》が集《あつ》まっている、処刑場《しょけいじょう》の広場《ひろば》に引《ひ》きだされます。

それでもジャンヌは、むねをはっていました。

＊1処刑《しょけい》…刑《けい》を行《おこな》うこと。とくに死刑《しけい》にすること。　＊2破門《はもん》…ある宗教《しゅうきょう》の信者《しんじゃ》の仲間《なかま》から名前《なまえ》をのぞくこと。
＊3くつじょく…権力《けんりょく》におさえつけられて受《う》ける、はじ。

(わたしは、はずかしいことは、何《なに》もしていない。ふるさとの村《むら》やフランスを守《まも》るために、神様《かみさま》の言葉《ことば》にしたがって行動《こうどう》しただけ。たとえ、このまま天国《てんごく》に行《い》っても、くいはない。)

そして、まわりの人《ひと》に、たのみました。

「わたしに十字架《じゅうじか》をください。」

近《ちか》くにいたイギリス兵《へい》が、木《き》の小《こ》えだを、十字《じゅうじ》に組《く》みあわせてわたします。ジャンヌは、その十字架《じゅうじか》に口《くち》づけをすると、服《ふく》のむな元《もと》に入《い》れました。

足元《あしもと》につみあげられたまきに、火《ひ》がつけられました。

もえさかる火《ひ》の中《なか》で、ジャンヌはさけびました。

「イエス様《さま》！　イエス様《さま》！」

最後《さいご》までフランスを守《まも》るために行動《こうどう》しつづけたジャンヌ。一四三一年《ねん》五月《がつ》三十日《にち》、十九歳《さい》というわかさで天国《てんごく》に旅立《たびだ》ちました。

「ジャンヌが、死《し》んでしまったって？　フランスを救《すく》った『オルレアンの乙女《おとめ》』が？」

死刑《しけい》の知《し》らせに、ドンレミ村《むら》の家族《かぞく》や、オルレアンの町《まち》の人《ひと》たちをはじめ、多《おお》くの人《ひと》が悲《かな》しみました。

ラ・イールも、その一人《ひとり》でした。かれは、一度《ど》、ジャンヌを救《すく》いだそうとしたのですが、しっぱいに終《お》わっていました。ジャンヌが死刑《しけい》になったときには、イギリス軍《ぐん》のほりょになり、とらえられていて、身動《みうご》きがとれなかったのです。

（ジャンヌ。助《たす》けてあげられなくて、申《もう》しわけなかった。）

ほりょから解放《かいほう》されたラ・イールは、アランソン公《こう》や、ジャンとともに、ふたたびイギリス軍《ぐん》に立《た》ちむかいます。

やがてフランスは、力《ちから》を強《つよ》め、イギリスに支配《しはい》されていた土地《とち》を、じょじょに取《と》りもどしていきました。

「次《つぎ》はパリを落《お》とすぞ！」

一四三六年《ねん》、ジャンは、ついにパリからイギリス軍《ぐん》を追《お》いはらいました。そして、その次《つぎ》の年《とし》にシャルル国王《こくおう》は、とうとうフランスの中心地《ちゅうしんち》、パリに入《はい》ることができたのです。

一四五三年《ねん》、フランスは最後《さいご》までのこったボルドー地方《ちほう》*を取《と》りもどし、長《なが》くつづいた百年戦争《ひゃくねんせんそう》は、フランスの勝利《しょうり》で終《お》わりました。

*ボルドー地方《ちほう》…フランス南西部《なんせいぶ》の大西洋岸《たいせいようがん》にある都市周辺《としし ゅうへん》。

シャルル国王《こくおう》は、一四五〇年《ねん》、ジャンヌの処刑《しょけい》が行《おこな》われたルーアンの広場《ひろば》をおとずれました。

町《まち》の人《ひと》たちから、そのときのようすも聞《き》きました。

「ジャンヌは、フランスを守《まも》るために戦《たたか》っていたのに、男性《だんせい》の服《ふく》を着《き》たというだけで、ころされてしまったんです！　最後《さいご》は、イエス様《さま》の名前《なまえ》をさけんで、なくなったんです。」

国王《こくおう》は、うなだれました。

（わたしは、ジャンヌを見《み》ごろしにしてしまった。かの女《じょ》が自分《じぶん》を国王《こくおう》にしてくれたのに……。）

そこで、ジャンヌの裁判《さいばん》をやりなおすように、命《めい》じました。

かかわりがあった多《おお》くの人《ひと》たちが、取《と》り調《しら》べを受《う》けました。

ジャンヌのお母《かあ》さんは、こういいました。

「むすめは、とても信心深《しんじんぶか》かったのに、神様《かみさま》にそむいていると決《き》めつけられてしまったのです。」

みんなの意見《いけん》を合《あ》わせると、コーションが行《おこな》った裁判《さいばん》のやり方《かた》には、多《おお》くのあやまりがあったことがわかりました。

そして一四五六年《ねん》、ジャンヌが有罪《ゆうざい》だという判決《はんけつ》は、とうとう取《と》りけされたのです。

ジャンヌがなくなってから、二十五年後《ねんご》のことでした。

それからもずっと、ジャンヌの物語《ものがたり》は、語《かた》りつがれました。神様《かみさま》をしんじ、意志《いし》が強《つよ》く、最後《さいご》まであきらめずに行動《こうどう》した少女《しょうじょ》。わかい女性《じょせい》であり、身分《みぶん》も高《たか》くありませんでしたが、戦場《せんじょう》で大人《おとな》たちを相手《あいて》にしても、決《けっ》してひるむことはありませんでした。一九二〇年《ねん》には、ローマ*1教皇《きょうこう》によって、ジャンヌは神様《かみさま》をしんじつづけた、りっぱな人《ひと》としてみとめられ、「*2聖人《せいじん》」の一人《ひとり》にくわえられました。

げんざいでも、オルレアンの町《まち》では、ジャンヌによって解放《かいほう》された五月八日《がつようか》が、町《まち》の記念日《きねんび》となっています。毎年《まいとし》お祭《まつ》りが行《おこな》われ、ジャンヌや騎士《きし》にふんした人《ひと》たちが、町《まち》を練《ね》りあるくのです。

オルレアンだけでは、ありません。フランスという国《くに》にとっても、ジャンヌ・ダルクは英雄《えいゆう》です。

一人《ひとり》の少女《しょうじょ》の行動《こうどう》が、国《くに》を大《おお》きく動《うご》かしたのです。もし、かの女《じょ》がいなかったら、今《いま》のフランスは、なかったかもしれません。

こうして、フランスの救世主《きゅうせいしゅ》ジャンヌ・ダルクの活《かつ》やくは、げんざいも世界《せかい》じゅうに広《ひろ》く語《かた》りつがれているのです。


（おわり）

＊1教皇《きょうこう》…ローマ・カトリック教会《きょうかい》の最高位《さいこうい》の聖職者《せいしょくしゃ》。
＊2聖人《せいじん》…カトリック教会《きょうかい》などがあたえるよび名《な》。行《おこな》いがりっぱで、人《ひと》びとからそんけいされる人《ひと》。

監修者《かんしゅうしゃ》あとがき

百年戦争《ひゃくねんせんそう》って何《なに》？ ～ジャンヌが生《い》きた時代《じだい》～

日本女子大学文学部教授　加藤《かとう》 玄《まこと》

みなさんは「百年戦争《ひゃくねんせんそう》」を知《し》っていますか？　この戦争《せんそう》は、およそ六百《ぴゃく》年《ねん》から七百年前《ねんまえ》にかけてヨーロッパのイギリスとフランスとの間《あいだ》で起《お》こりました。中断《ちゅうだん》をはさんで、およそ百十四年《ねん》もつづいたため、「百年戦争《ひゃくねんせんそう》」とよばれています。

この戦争《せんそう》は、フランスの王位《おうい》をめぐるあらそいから始《はじ》まりました。フランス王《おう》がなくなったのち、母親《ははおや》がフランス王家《おうけ》の出身《しゅっしん》だったイギリスの王《おう》エドワード三世《せい》が「自《じ》分《ぶん》がフランスの正統《せいとう》な王《おう》である」と主張《しゅちょう》したのです。最初《さいしょ》のころ、イギリス軍《ぐん》がいくつかの戦《たたか》いで大勝利《だいしょうり》をおさめました。戦場《せんじょう》でフランス王《おう》がほりょにされたこともありました。しかし、フランスもかんたんには負《ま》けませんでした。貴族《きぞく》だけでなく、多《おお》くの農民《のうみん》や町《まち》の人《ひと》びともいっしょになってフランスを守《まも》ろうとしたのです。本書《ほんしょ》の主人公《しゅじんこう》ジャンヌ・ダルクもその一人《ひとり》です。ジャンヌは一四一二年《ねん》ごろにフランスの農村《のうそん》に生《う》まれました。ある日《ひ》、「神《かみ》の声《こえ》を聞《き》いた」としんじたジャンヌは、フランス王《おう》に仕《つか》えて国《くに》を救《すく》うべきだと考《かんが》えました。ジャンヌはわずか十七歳《さい》で、シャルル王太子《おうたいし》に面会《めんかい》します。かの女《じょ》の強《つよ》い信念《しんねん》と人《ひと》びとを引《ひ》きつける力《ちから》に心《こころ》を動《うご》かされたシャルル王太子《おうたいし》は、かの女《じょ》を軍《ぐん》にくわえました。

ジャンヌとともにフランス軍《ぐん》はオルレアンの戦《たたか》いで勝利《しょうり》をおさめ、戦局《せんきょく》を大《おお》きくかえることができました。ジャンヌの活《かつ》やくは多《おお》くの人《ひと》びとに勇気《ゆうき》をあたえましたが、その後《ご》、敵《てき》にとらえられ、悲《かな》しい結末《けつまつ》をむかえることになります。それでも、かの女《じょ》のそんざいがフランスの人《ひと》びとにあたえたえいきょうは大《おお》きく、ついにフランスは勝利《しょうり》をおさめました。シャルル国王《こくおう》はジャンヌの名誉回復《めいよかいふく》につとめることになりました。

このように、百年戦争《ひゃくねんせんそう》は長《なが》く苦《くる》しい戦《たたか》いでしたが、ジャンヌ・ダルクの登場《とうじょう》によって希望《きぼう》がもたらされたのです。かの女《じょ》の物語《ものがたり》は、勇気《ゆうき》と信念《しんねん》の力《ちから》を教《おし》えてくれるすばらしい歴史《れきし》の一編《いっぺん》です。

ジャンヌ・ダルク年表《ねんぴょう》

フランスを救《すく》った少女《しょうじょ》、ジャンヌ・ダルクの歩《あゆ》みを、年表《ねんぴょう》でおさらい！

1412年《ねん》ごろ フランスのドンレミ村《むら》に生《う》まれる。

1425年《ねん》ごろ 家《いえ》の庭《にわ》で「神《かみ》の声《こえ》」を聞《き》く。

1428年《ねん》5月《がつ》 ボークルールをたずねる。

1428年《ねん》7月《がつ》 ドンレミ村《むら》がおそわれる。

1429年《ねん》2月《がつ》 シノン城《じょう》に向《む》けて出発《しゅっぱつ》する。

1429年《ねん》3月《がつ》 シノン城《じょう》でシャルル王太子《おうたいし》と面会《めんかい》する。

1429年《ねん》5月《がつ》　イギリス軍《ぐん》に勝利《しょうり》し、オルレアンを解放《かいほう》する。

1429年《ねん》7月《がつ》　ランスの大聖堂《だいせいどう》で戴冠式《たいかんしき》が行《おこな》われる。

1429年《ねん》9月《がつ》　休戦協定《きゅうせんきょうてい》のため、国王軍《こくおうぐん》が解散《かいさん》する。

1430年《ねん》5月《がつ》　コンピエーニュでとらえられる。

1431年《ねん》2月《がつ》　裁判《さいばん》にかけられる。

1431年《ねん》5月《がつ》　火《ひ》あぶりの刑《けい》により、なくなる。

できごとの起《お》きた年《とし》には、諸説《しょせつ》あります。

ジャンヌ・ダルク　おどろきエピソード

ジャンヌの心臓《しんぞう》は、灰《はい》にならずにのこっていた!?

火《ひ》あぶりにより、ジャンヌの体《からだ》がもえたあとでも、心臓《しんぞう》はもえずにのこっており、灰《はい》にすることはできなかったという話《はなし》がつたわっています。これは、裁判所《さいばんしょ》の書記《しょき》から広《ひろ》まったうわさ話《ばなし》。フランスの人《ひと》びとにとって、それだけジャンヌのそんざいが大《おお》きかったのでしょう。

文　**高橋うらら**

東京都出身。日本児童文芸家協会理事。著書は『やさしく読めるビジュアル伝記 ナイチンゲール』『やさしく読めるビジュアル伝記 マリー・キュリー』（共にGakken）、『じぶんをすきになるおまじない』（大泉書店）など多数。

絵　**うくろ**

愛知県出身のイラストレーター。X(旧Twitter)にてキャラクターイラストの投稿を中心に活動中。ファンタジー風のイラストなど、世界観を重視した作品を制作している。

監修　**加藤 玄**

日本女子大学文学部教授。東京大学大学院人文社会系研究科博士課程退学。博士（文学）。中世英仏関係史を研究。著書『ジャンヌ・ダルクと百年戦争 時空をこえて語り継がれる乙女』（山川出版社）など。監訳書『ジャンヌ・ダルク 預言者・戦士・聖女』（ゲルト・クルマイヒ著、みすず書房）。

参考文献／『ジャンヌ・ダルクの実像』（白水社）、『ジャンヌ・ダルクと百年戦争 時空をこえて語り継がれる乙女』（山川出版社）、『少女は、なぜフランスを救えたのか』（NHK出版）、『ジャンヌ・ダルク』（東京書籍）、『ジャンヌ・ダルク 預言者・戦士・聖女』（みすず書房）、『奇跡の少女ジャンヌ・ダルク』（創元社）、『ジャンヌ＝ダルクの百年戦争』（清水書院）、『幻想のジャンヌ・ダルク』（昭和堂）、『図説 ジャンヌ・ダルク』（河出書房新社）ほか

やさしく読めるビジュアル伝記19巻

ジャンヌ・ダルク

2025年４月29日　第１刷発行

文／高橋うらら
絵／うくろ
監修／加藤 玄
装幀・デザイン／石井真由美（It design）
　　　　　　　　大場由紀（ダイアートプランニング）
発行人／川畑 勝
編集人／高尾俊太郎
企画編集／青山鈴子　永渕大河
編集協力／勝家順子　山本耕三　上埜真紀子
イラスト協力／株式会社サイドランチ
ＤＴＰ／株式会社アド・クレール
発行所／株式会社Gakken
　〒141-8416 東京都品川区西五反田2-11-8
印刷所／株式会社広済堂ネクスト

この本に関する各種お問い合わせ先
●本の内容については、下記サイトのお問い合わせフォームよりお願いします。
https://www.corp-gakken.co.jp/contact/
●在庫については　Tel 03-6431-1197（販売部）
●不良品（落丁、乱丁）については　Tel 0570-000577
学研業務センター
〒354-0045　埼玉県入間郡三芳町上富279-1
●上記以外のお問い合わせは
Tel 0570-056-710（学研グループ総合案内）

NDC289　144P　21cm

また会《あ》おう!